# LA FE
### DE
# GEORGE W. BUSH

# LA FE
## DE
# GEORGE W. BUSH

## STEPHEN MANSFIELD

CASA
CREACIÓN

*La fe de George W. Bush* por Stephen Mansfield
Publicado por Casa Creación
Una división de Strang Communications Company
600 Rinehart Road
Lake Mary, Florida, 32746
www.casacreacion.com

A menos que se indique lo contrario, todos los textos bíblicos han sido tomados de la versión Reina-Valera, de la *Santa Biblia*, revisión 1960.

Este libro fue publicado originalmente en inglés con el título:
*The Faith of George W. Bush* por Charisma House.

Diseño de interior: *Grupo Nivel Uno Inc.*

Diseño de portada: *Judith McKittrick*
Foto de portada por Reuters New Media Inc.
Foto del autor por Ben Pearson

Traducido y editado por: PICA Y 6 PUNTOS *con la colaboración de Salvador Eguiarte D.G. y Raúl García Corona (traducción) y Elsa Galán de Poceros (edición)*

Los títulos de libros, nombres de instituciones, y demás, que se encuentran traducidos entre paréntesis o corchetes, en ninguna manera corresponden a su título en español. Sólo se han traducido para que el lector de habla hispana entienda a qué se refiere el autor.

ISBN: 0-88419-995-9
Impreso en los Estados Unidos de América

03 04 05 06 07 08 09 ❖ 9 8 7 6 5 4 3 2 1

Para el
Teniente Coronel Eldon L. Mansfield,
retirado de las Fuerzas Armadas de los E. U. A.

# ÍNDICE

*En medio del camino de nuestra vida*
*me encontré por una selva oscura,*
*porque la recta vía era perdida.*

*¡Ay, que decir lo que era es cosa dura*
*esta selva salvaje, áspera y fuerte,*
*cuyo recuerdo renueva la pavura!*

*Tanto es amarga, que un poco más es muerte:*
*pero por tratar del bien que allí encontré,*
*diré de las otras cosas que allí he visto.*

DANTE ALIGHIERI
*La divina comedia* (I.1-9)
(versión en español de
J.E. Sanguinetti)

Una autoridad más alta: George W. Bush inclina su cabeza
en oración antes de tomar la palabra durante el servicio de la
Second Baptist Church (Segunda Iglesia Bautista) en Houston,
Texas, el domingo 7 de marzo de 1999.

# INTRODUCCIÓN

E s demasiado temprano como para saber de qué forma va a juzgar la historia el mandato de George W. Bush. Tratar de adivinar el legado de un presidente en funciones es un juego peligroso. La historia es, después de todo, una dama misteriosa que a menudo se porta mal, que se deleita en ir en contra de patrones; lo cual pocas veces es más evidente en otras partes que en la política estadounidense.

Aún así, el pasado brilla la suficiente luz como para permitir algunas certidumbres. Podemos estar seguros, por ejemplo, de que la historia va a recordar a este presidente por su paralelismo con John Quincy Adams. Que nuestro presidente actual sea hijo de un anterior jefe ejecutivo siempre será visto a la luz de John Adams, nuestro segundo presidente, quien fue el padre de nuestro sexto presidente. A la memoria histórica le gustan los paralelismos sencillos, y este es demasiado tentador como para dejarlo pasar.

También no puede haber duda de que este presidente será recordado como el hombre de la Casa Blanca en el 11 de septiembre de 2001. Los actos terroristas sin precedente en ese día y las subsiguientes invasiones a Afganistán e Irak enmarcarán una parte muy grande del legado de Bush sin importar qué otras cosas haga. Si Franklin Roosevelt hubiera fallecido semanas después del ataque a Pearl Harbor, todavía sería recordado como el presidente en turno el 7 de diciembre de 1941, por su discurso sobre el "Día de la Infamia", y pos sus acciones inmediatamente después del ataque japonés. Así será también con George W. Bush.

Hay otra probable columna del legado de George W. Bush la cual, sorprendentemente, tampoco es demasiado temprano en su mandato como para considerarla seriamente. Es el asunto de su fe y sus intentos por integrar la fe como un todo en la política pública estadounidense. Aquí es donde nos encontramos con una de las características más particulares del régimen de Bush y es altamente posible que sea uno de los temas que definan con mayor peso nuestra época.

—⁓—

George W. Bush entró en funciones haciendo sonar un tono indefensiblemente religioso. En su primer día en su cargo, convocó a un día de oración y recortó el gasto federal en abortos. Él habla de haber sido llamado a la presidencia, de un Dios que gobierna los asuntos de los hombres y de que los Estados Unidos le deben su origen a la Providencia. Los estadounidenses han tenido la oportunidad de saber más acerca de la conversión del presidente, su vida de oración, la Biblia que lee, el devocional que usa y quienes son sus influencias espirituales, más que lo que han conocido de cualquier otro presidente. En ningún régimen anterior la Casa Blanca ha sido anfitriona de tantos estudios bíblicos semanales y reuniones de oración, y los líderes religiosos nunca han sido agradecidamente mejor recibidos.

Bush ha compartido la Escritura con el primer ministro de Inglaterra, ha hablado de la cruz con el presidente de Rusia y se ha arrodillado en oración con el presidente de

Macedonia, y le dijo al líder de Turquía que ambos se llevarían bien porque los dos creían en: "El Todopoderoso".[1] Además, el presidente Bush ha intentado utilizar la fe y las instituciones basadas en la fe para solucionar los problemas nacionales de una forma que es nueva en la historia estadounidense reciente y que podría traer, particularmente si se le permite un segundo mandato, una transformación en la política social estadounidense.

El viaje personal de fe de Bush es un camino tortuoso, lo cual no es inusual en una época influenciada por la espiritualidad de los hijos de la generación *baby-boom* [nota del traductor: el *baby-boom* es el periodo comprendido entre las décadas de 1940 y 1960 caracterizado por un súbito aumento de la tasa de la natalidad en los Estados Unidos]. Asistió a las iglesias episcopal y presbiteriana hasta que se casó, y gracias a la influencia de su esposa se convirtió en metodista. Las semillas de la fe fueron sembradas en él, y experimentó lo que él llama "inspiraciones", pero no hubo un solo momento de despertar espiritual. Luego vinieron los fracasos en los negocios, temporadas de beber en exceso y un matrimonio que comenzó a mostrar señales de tensión. Al acercarse a la edad madura, tomó un paseo, ahora famoso, con Billy Graham, quien le preguntó si estaba "bien con Dios". No lo estaba, y él lo sabía, pero su tiempo con Graham lo hizo darse cuenta de su necesidad. Bush se unió a un estudio bíblico de hombres de negocio en Midland, y poco después sus amigos notaron algo diferente en él. Al preguntarle quién era su filósofo favorito durante su campaña presidencial, rápidamente respondió con una frase que contaba la historia: "Cristo, porque Él cambió mi corazón".[2]

Sin embargo, el Cristo de Bush gobierna el mundo así como el corazón. Él es, como Bush atestigua en su autobiografía, el autor de "un plan divino que sobrepasa todos los planes humanos".[3] Como dijo el presidente electo en su discurso inaugural, es Dios "quien llena el tiempo y la eternidad con Su propósito".[4] El individuo se encuentra en deuda con ese propósito, así como el Estado. Y, ¿cómo es que el gobierno cumple con el propósito de Dios? La respuesta de Bush no es clara, pero la implicación (una que inquieta a aquellos que quieren preservar una amplia separación entre la Iglesia y el Estado) es que las instituciones de fe "tienen un lugar de honor en nuestros planes y en nuestras leyes".[5] Si la presidencia es "el púlpito de la intimidación", como dijo Teddy Roosevelt, nadie en la historia reciente ha golpeado ese púlpito a favor del papel de la religión en el gobierno como el cuadragésimo tercer presidente.

Sin embargo, Bush se ha resistido a ocupar el puesto de Predicador en Jefe, y sus declaraciones a menudo parecen desmentir su propia marca de fe evangélica. Una semana después de los ataques terroristas del 11 de septiembre en Nueva York y Washington, el presidente habló en un centro islámico y llamó al islam una religión de paz.[6] Ha sido tardo en decir que Jesús es el único camino a Dios, aunque una vez le expresó esta creencia a un reportero judío y encendió un barril de pólvora de controversia. Y, para mucha consternación de algunos cristianos conservadores, está intentando hacer participar a mezquitas y sinagogas, así como iglesias, en sus iniciativas basadas en la fe.

El enfoque del presidente sobre la religión ha producido no solo un debate nacional, sino también toda una subcultura. Los mensajes de correo electrónico rebotan por el país llenos de las leyendas urbanas más recientes: El presidente visita un hospital y se arrodilla en oración con los muñones de un soldado condecorado en sus manos. El presidente mira a un estudiante apesadumbrado en las instalaciones de una universidad que está visitando y se detiene a guiar al joven a la fe. O, negativamente, el presidente está secretamente planeando destruir el muro de separación de Jefferson entre la Iglesia y el Estado con el fin de construir la República Teleevangelista de sus Sueños. Los sitios web gritan ofensas o aprobación, los cafés de las universidades están llenos de indignación o de gozo y los programas de radio de entrevistas hacen tronar su respuesta en el mercado de las ideas.

Sin duda, un poco del ruido acerca de la fe de Bush está

enraizado en ignorancia de la historia. Como Harry Truman dijo a menudo: "No hay nada nuevo en el mundo excepto la historia que uno no conoce".[7] El no conocer nuestra historia hace parecer la fe de Bush fuera de lugar. Considere la declaración del presidente acerca de su sentir de haber sido llamado: "Como ha sido cierto tipo de destino lo que me ha traído a este servicio, esperaré que el que lo lleve a cabo esté pensado para responder a algún buen propósito [...] Dependeré, por tanto, confiadamente en la Providencia, la cual me ha preservado y me ha sido de recompensa abundante".[8] Estos son el tipo de sentimientos que Bush expresa a menudo en sus discursos. Pero las palabras no son suyas. Fueron escritas por George Washington acerca de sus primeros pasos en liderazgo hace más de dos siglos.

El hecho es que George W. Bush no es único como presidente por hablar abiertamente de religión. Todos los presidentes estadounidenses lo han hecho, y se ha convertido en parte de nuestra tradición nacional. En el primer siglo y una mitad de nuestra historia, la mayoría de los estadounidenses eran religiosos y comprendían su vida y su país en términos religiosos. Sin embargo, en las primeras décadas del siglo veinte, la religión comenzó a perder influencia en los Estados Unidos, pero los presidentes todavía hablaban religiosamente de la nación, como una señal de aprobación a la memoria cristiana y como un intento de bautizar a la cultura estadounidense de su época.

Eruditos como Robert Bellah y Sidney Mead han llamado a esto "religión civil", un tipo de sintoísmo estadounidense, un intento de entretejer los ideales estadounidenses en una religión secular del Estado.[9] Es arrancar el lenguaje religioso de su contexto original y aplicarlo a la experiencia estadounidense. Para algunos es idólatra; para otros es un cuerpo necesario de sentimientos unificadores. Posiblemente, se ejemplifica mejor con los discursos de John F. Kennedy, quien citó más versículos bíblicos en sus discursos que ningún otro presidente antes que él, pero que cuidadosamente aplicó su significado al americanismo de los primeros años de la década de 1960.

En los años que siguieron a Kennedy, hemos tenido presidentes que al parecer poseían convicciones religiosas profundas más allá de una mera religión del Estado. Sin embargo, muchos de estos han tenido dificultades para permitir que esas convicciones formaran sus políticas o, en algunos casos, incluso que formaran su ética personal. Richard Nixon fue un cuáquero fervoroso que presumía de su relación con Billy Graham y aun así nos dejó la cultura ética de Watergate. Jimmy Carter declaró haber nacido de nuevo e incluso enseñó en la escuela dominical durante los años que estuvo en la Casa Blanca, aun así parecía que había levantado una pared de separación entre la fe y la práctica cuando se trataba de ser presidente. Ronald Reagan declaró tener una fe cristiana vital y un sentido de misión, aunque pocas veces asistió a la iglesia, y el que su esposa se haya involucrado en astrología hizo que muchos dudaran. Y Bill Clinton, a pesar de errores serios mientras ocupó su cargo, declaró ser un creyente bautista e incluso lloró a menudo sin vergüenza en la iglesia y habló repetidamente acerca de la necesidad de valores religiosos en la vida estadounidense. Claramente, cada uno de estos hombres se apegó a los valores religiosos y creía que Estados Unidos podría ser un mejor país si sus ciudadanos hicieran lo mismo.

Aun así, muy pocas veces cualquiera de estos hombres intentó aplicar el poder de la religión a las responsabilidades del gobierno federal. Tampoco sostuvieron que, por ejemplo, la pobreza está relacionada con una crisis de fe y entonces proponer políticas para la abolición de la pobreza que incluye a las instituciones religiosas como lo ha hecho George W. Bush. El estilo de ellos era más parecido a hablar de fe en un desayuno de oración pero buscar las soluciones nacionales en la experimentación pragmática o en ideologías de izquierda o de derecha.

Lo que distingue a la presidencia de George W. Bush hasta ahora, no es sólo la apertura con la cual ha hablado de su conversión personal y su vida espiritual, ni tampoco la intensidad de sus declaraciones públicas acerca de la fe. Más bien, sobresale tanto por el hecho de que parece creer genuinamente en privado lo que dice en público acerca de la religión (cuando los estadounidenses están más acostumbrados a la insinceridad religiosa de sus líderes) como por el hecho de que busca integrar la fe con la política en el nivel más práctico.

El origen de este impulso se encuentra, ciertamente, en la propia transformación espiritual de Bush. Pero hay más en juego que sólo fervor evangelista, más que un hombre convertido incapaz de descansar hasta que su prójimo experimente lo mismo. En lugar de eso, George W. Bush fue influenciado después de su conversión por pensadores que entienden el mensaje cristiano como un asunto tanto personal como público, un poder para el corazón así como un plan para la nación. Esto muy bien puede ser lo que más distingue la perspectiva de Bush a la fe pública entre los presidentes estadounidenses, y quizá sea lo que principalmente defina su mandato durante otros cuatro años más, si es que los votantes –y su Dios– lo permiten.

Sea cual sea el futuro, la fe de George W. Bush ha sido de ávido interés para los estadounidenses. Han aparecido reportes sobre el tema en revistas tan diversas como *Esquire, Spin, Charisma, Christianity Today, Vanity Fair, Atlantic Monthly* y *Newsweek*. Los documentales de los canales PBS y A&E en la televisión han alimentado este fervor, así como docenas de los periódicos más importantes de la nación. Esta búsqueda de respuestas es comprensible. ¿Qué es lo que el presidente piensa acerca de la separación de la Iglesia y el Estado? ¿Cuál es la conexión entre su fe y lo que algunos están llamando su *genialidad de liderazgo?* ¿Sus políticas con respecto al Medio Oriente están definidas por una interpretación de la Biblia que llama a un apoyo incondicional a Israel? ¿Cree él que la historia llegará a un estrepitoso alto en una batalla apocalíptica final en algún lugar al norte de Jerusalén?

Las páginas siguientes contienen un intento por responder a tales preguntas por medio de examinar la fe de George W. Bush, tanto la manera en que ha penetrado progresivamente en su mente y en su corazón, como la forma en que moldea los asuntos de su administración. Con lo cual no se intenta apoyar un proyecto político, ni tampoco encasillar a Bush en una corriente teológica o en otra. Más bien, corresponde a una creencia fundamental que dice que para comprender al hombre, se debe primero comprender lo que es, como dijo Paul Tillich, de "máxima preocupación" para él. Ese es el objetivo de este libro: conocer lo que es de máxima preocupación para George W. Bush. Es una pregunta teológica y por lo tanto se debe responder por medio de examinar lo que Bush cree con el fin de comprender quién es él y cómo intenta dirigir.

Una premisa fundamental de este libro es que la religión de un hombre se trasmina a todo lo que hace, sea que lo sepa o no. Lo que él cree se abre paso por sí mismo en su vida de una manera práctica, así que hay una conexión entre su visión de la gracia y el estado de su jardín, entre su idea de la Providencia y su manera de criar a sus hijos.

Así es con el presidente. La perspectiva de este libro asume que hay una relación entre las botas del presidente y su vida de oración, entre sus raíces en West Texas y su respuesta al desastre del 11 de septiembre. Para comprender la fe de Bush se requiere más que sólo entender su conversión, aunque es algo que siempre está presente sobre el panorama de su vida en una forma indirecta. Se requiere conocer su estilo, su cultura, la tierra espiritual que lo hizo crecer, la hombría del hombre.

También, finalmente, hay otra creencia vital representada en este trabajo: que puede haber belleza en las creencias que no son las propias. Sea que estemos de acuerdo o no con todo lo que el presidente cree, todavía podemos maravillarnos de un hombre inspirado por algo más allá de sí mismo. Quizá debamos, en nuestra época, recuperar la habilidad de sentirnos a gusto en la presencia de la convicción, incluso de una convicción que no compartimos. Es en este amplio y vigoroso espíritu que comenzamos a considerar la fe de George W. Bush.

En su paseo: El nuevo gobernador de Texas y la primera dama
el día 19 de enero de 1999 en su toma de posesión
en Austin, Texas.

# CAPÍTULO UNO

## Una ordenanza que guardar

No era en los Cuernos Largos, los *Aggies* [Nt: nombre que reciben los estudiantes de la universidad Texas A&M] o los Vaqueros de Dallas en quién estaban pensando ese día en Texas. Aunque el fútbol americano es casi la religión del estado, los texanos tenían algo más en mente. Y no se estaban preocupando acerca del precio del crudo. Parecía que el petróleo se estaba vendiendo bien. No, en ese día de enero de 1995, la mayoría de los texanos estaban pensando en una cosa: *Hoy George W. Bush tomará posesión como gobernador de nuestro estado.*

Lo había logrado. Pocos habían pensado que lo lograría. Se habían reído cuando anunció su candidatura. La columnista Molly Ivins lo llamó "matorral" (Nt: el apellido Bush significa arbusto), e incluso sus amigos dejaron escapar una risita cuando alguien lo llamó un simple "hijo rico de un Bush". Pero los sorprendió a todos, incluso a sus padres, y venció a la extremadamente popular gobernadora en turno, Ann Richards. Se convirtió en el segundo gobernador republicano de

Texas en casi ciento veinte años después de la Reconstrucción [Nt: periodo de 1865 a 1877 en el que los estados disidentes de la Confederación fueron controlados por el gobierno federal antes de ser readmitidos en la Unión].

Para "Dubya", el día fue una avalancha de eventos, uno
apilado sobre el otro. Estaba distraído al vestirse esa mañana; el discurso que Karl Rove le había escrito se repetía una
y otra vez en su mente. Se le habían hecho cambios de última
hora, y como el dar discursos todavía no era su lado fuerte,
quería aprendérselo bien. El discurso sólo duró diez minutos, pero fue tan importante.

En el momento en que su padre se le aproximó y le puso
un par de mancuernillas en la mano, estaba consciente, pero su atención la tenía puesta en otro lado. Sabía lo que esas
mancuernillas eran y probablemente le mostró algo de gra-
titud a su padre. Pero quizá fue algo forzado. Todavía estaba en una especie de deslumbramiento y no había realmente capturado todo el significado del momento. Entonces, al
salir hacia el capitolio para asistir a un desayuno de oración
en una iglesia cercana, su madre puso una nota en su mano.
De nuevo, agradeció el gesto y le dio un abrazo a su madre,
pero hasta entonces el momento no tenía el peso que más
tarde le asignaría.

El viaje en limosina y la multitud que lo esperaba, siguieron. Saludaba agitando la mano al caminar hacia la puerta,
le dio un apretón de manos a los que le deseaban bien mientras entraba, y se sentó en silencio una vez que encontró su
lugar. Entonces sucedió lo de siempre en un evento como
ese: los saludos, los cantos y las lecturas bíblicas. Su mente
divagaba. Quizá todo se estaba moviendo demasiado rápido
para él. Quizá quería guardar todo el día en su memoria, pero ya se estaba convirtiendo en algo borroso. Repasó los
eventos de la mañana; posiblemente fue en ese momento
cuando recordó la nota que rápidamente había metido en su
bolsillo. El predicador avanzó en su sermón en el momento
en que George W. sacó el sobre de su bolsillo y comenzó a
leer. Y las lágrimas vinieron.

En otro día, en otro año, en otra ciudad de Texas: Es 1943. El lugar es una base aérea calurosa y polvorienta cerca de Corpus Christi. La Segunda Guerra Mundial está en toda su furia, y los Estados Unidos está entrenando reclutas y enviándolos por todo el mundo tan pronto como pueden estar listos. Es el nueve de junio, y acaba de llevarse a cabo una graduación en este puerto aéreo tan bullicioso. Tres figuras están de pie juntas bajo el sol brutal de Texas. Uno mide 1.98 metros (6.5 pies) y pesa 114 kilogramos (250 libras). Hay una mujer, mucho más baja que los otros dos y claramente la esposa del hombre alto, con una gracia noble que comienza a dibujarse por sí misma en su rostro. Y está un hombre sonriente, el marino de segundo rango alto y delgado quien acaba de recibir sus alas de piloto en la naval. Apenas tiene veinte años.

El hombre más alto. Obviamente el padre del nuevo piloto, mete su mano en el bolsillo para tomar algo pequeño, lo cual luego presenta a su hijo sin ceremonias. Es un juego de mancuernillas de oro. El hijo conoce el significado, porque ha llegado a comprender los caminos de su padre, quien no es un hombre expresivo. *Mi padre está orgulloso de mí*, percibe él, *y estos son los símbolos de su gozo en este momento maravilloso y temible de mi vida.*

El muchacho valora el regalo, y todavía más, el orgullo de su padre. Piensa en él más tarde cuando es derribado sobre el océano Pacífico. Lo recuerda cuando estudia en Yale, dirige una compañía petrolera, gana un escaño en el Congreso, encabeza la CIA, se vuelve vicepresidente, y más tarde, presidente de los Estados Unidos. Y piensa en su padre y en ese regalo el día en que su hijo mayor, George W., se vuelve gobernador de Texas. Son su más preciada posesión, pero es tiempo de pasarlas de manos.[1]

George W. Bush no ha escuchado mucho del sermón. Sin embargo, el predicador debe pensar que lo está haciendo muy bien. Después de todo, el gobernador electo está llorando. El sermón debe ser un éxito.

Pero es la nota en su mano lo que ha conmovido al gobernador recién electo. Es de su padre, el ex presidente. "Estas mancuernillas son mi más preciada posesión", escribió el viejo, y recuerda el día en junio de 1943 cuando su propio padre se las dio. "Quiero que ahora las tengas tú", dice la nota, y entonces el padre habla acerca de que el hijo "reciba sus alas" en este día de toma de posesión, de cómo entiende la emoción del joven, y cómo él va a ser un gobernador estupendo. Es, en cierto sentido, una bendición; del tipo que los padres le han dado a sus hijos por generaciones.[2]

La nota, sin embargo, dice más, y a través de los años George W. repasaría cada palabra una y otra vez. Pero es la última línea la que se le queda en la memoria, que nunca olvidará, y que ahora lo mueve a las lágrimas.

Una vez, que ha expresado su amor, su orgullo y su confianza, el padre escribe como conclusión a su hijo: "Ahora, es tu turno".

A través de los años, la familia Bush a sido reticente para hablar de sí misma con palabras como legado, dinastía o, ciertamente, imperio. Prefieren hablar en términos de confianza, destino y fe. Pero hay muy pocas dudas de que lo que pasó de manos del anterior presidente George Herbert Walker Bush a su hijo gobernador fue mucho más que solo un par de joyas y una nota de ánimo. Fue, como un erudito escribió: "Un simbólico paso de antorcha".[3]

El padre, claramente, estaba tratando de conectar a su hijo con algo que había venido desde antes y que lo sostendría en los días por venir. Todas las familias se definen por sus historias. Es el relato que se repite a menudo lo que moldea la cultura familiar y, si las historias son los suficientemente inspiradoras, moldea el sentido de propósito de la familia. La herencia Bush contiene historias del tipo que forma un sentir de destino, y si vamos a entender la fe de George W. Bush, debemos considerar primero cómo la historia de su familia pudo haber moldeado sus creencias.

—m—

Es difícil decir qué parte del legado Bush inspiró más a George W., pero ciertamente hay combustible para la imaginación en el relato. Hubo, por ejemplo, los soñadores aventureros. Obediah Bush de Vermont es uno de ellos, un hombre que salió de su hogar durante la guerra de 1812, se volvió director de una escuela, después se contagió de la fiebre del oro y salió hacia California durante esa época. Dos años más tarde, trató de regresar a casa para reclamar a su familia y llevarlos al oeste. Murió en el intento y fue sepultado en el mar, dejando a su esposa y sus siete hijos solos en Rochester, Nueva York. Aunque sus sueños se quedaron sin cumplir, dejó el legado de un visionario romántico para aquellos que llevaran el nombre de la familia.

También hubo poetas filósofos en el linaje Bush. El segundo de los siete hijos de Obediah fue uno de ellos, un muchacho llamado James, que nació tan enfermizo que el doctor le dijo a su madre: "Es mejor que lo golpees en la cabeza, ya que si vive nunca va a poder lograr nada".[4] La madre del niño, Harriet, honraba una gran tradición de terquedad que pasaría a las generaciones siguientes, y determinó que cuidaría del niño hasta que se recuperara. Y así lo hizo. Dieciséis años más tarde, el niño no sólo había vivido, sino que se había desarrollado en el tipo de hombre que la universidad de Yale quería impacientemente con ansia admitir.

William Barret, un amigo de la familia, escribió una descripción de James Bush mientras éste estaba en Yale, que de no haber sido escrita en 1907, haría sospechar de su autenticidad, ya que al leer acerca de la vida de este ancestro de los Bush, podemos identificar características de los Bush contemporáneos: "Sus compañeros de clase hablan de él como fino y alto y fino en persona, más bien grave de talante, excepto cuando entabla conversaciones sinceras o las caracterizadas por el buen humor y el ingenio; siempre amable y considerado, y siempre un caballero; sin embargo, firme en sus gustos y firme en lo que no le agrada. Hizo muchos amigos. Ansioso por aprovechar al máximo sus oportunidades, obtenía altas notas calificaciones en sus estudios. Amante de los deportes, logró una reputación considerable como remero, ya que fue boga [remero que establece el ritmo de la boga] de la tripulación de su generación. También era bastante reconocido por su salto de altura".[5]

James estaba poseído por una naturaleza profundamente espiritual y decidió convertirse en ministro presbiteriano. Sin embargo, las necesidades de su familia crecieron y, para apoyarlos, decidió estudiar leyes. Pasó sus exámenes y abrió una oficina en Rochester. Poco después, James se enamoró fuertemente de una mujer de reconocida belleza, Sarah Freeman, y ella accedió a casarse con él. Pero su felicidad no duró mucho tiempo, ya que murió de una fiebre apenas dieciocho meses después de la boda.

James estaba devastado, y como a menudo sucede con el dolor, su mente se volvió hacia lo espiritual. Decidió dejar la práctica de la ley y convertirse en sacerdote episcopal. Con el tiempo, fue ordenado por el obispo de Nueva York y tomó una parroquia en Nueva Jersey, donde sirvió durante diez años.

El amor le llegó por segunda vez al Rev. Bush. Conoció a una mujer del mismo nombre que su madre, Harriet, y se casó con ella. Harriet era descendiente de Samuel Prescott, quien cabalgó con Paul Revere. El editor y poeta James Rusell Lowell dijo de ella: "Poseía la mente más fina y era la muchacha más brillante de mi época".[6]

El alma romántica de James había absorbido el sentir aventurero de su padre, y cuando se le presentó la oportunidad de servir como capellán en un viaje arriesgado a América del Sur, la tomó con prestancia. Se cuenta esa historia en el informe del Rev. Bush como "El viaje a Monadnock", el cual leyó delante del *Concord Lyceum* [sala de cátedra Concordia] en 1886. Vale la pena relatar el episodio aquí porque le dio a la familia Bush el lema que los guía.

Durante el viaje, comenzó un fuego cerca de la cámara donde se guardaban los explosivos. El capitán, el Sr. Franklin, saltó a la bodega para apagar el fuego a pesar del terrible peligro de morir junto con todos los de abordo. Un marinero inspirado por la valentía del capitán, le gritó: "Sr. Franklin, usted es un hombre valiente; usted no se va a ir solo al infierno".

La valentía del capitán y el éxito que tuvo al apagar el fuego inspiró tanto al Rev. Bush que desafió al Concord Lyceum: "¿No es por la valentía de siempre hacer lo correcto que las llamas del infierno serán apagadas?". Con estas palabras "hacer lo correcto", se convirtió en el lema de la familia Bush y ha pasado de generación en generación.[7]

El Rev. Bush continuó su obra pastoral primero en San Francisco y después en Staten Island. Su ministerio parecía estar floreciendo, sin embargo un año después renunció a su cargo como pastor. Fue una crisis teológica lo que lo llevó a la ruptura, y que ya se veía venir desde hacía mucho tiempo. Algunos años antes, un amigo había citado las palabras de "El Problema" de Emerson, un poema en el cual Emerson expresa su duda en el clero y su preferencia por una fe más natural. James se identificó con los sentimientos de Emerson como si fueran los propios, y esto lo puso en tensión con sus votos episcopales ortodoxos.

El Rev. Bush luchó con su conciencia por años hasta que incluso un amigo pudo señalar: "Era por naturaleza y constitución un liberal, pero no lo supo, hasta que su propia naturaleza moral creció y rompió el cascarón del hábito automático".[8] Cuando el cascarón se rompió finalmente, James renunció a su puesto y se mudó a Concord, Massachusetts, donde vivió la vida de un Thoreau moderno, deleitándose en la naturaleza y amado por sus vecinos, hasta su muerte en 1889.

También hubo en el linaje Bush hombres de visión industrial y cívica. De los cuatro hijos que le quedaron a James, uno parecía haber estado poseído de esa sorprendente combinación de talento y gracia que encontraba la manera de salir a la superficie en algunas familias. Su nombre era Samuel, y vivió una vida sorprendente. Fue una estrella del béisbol y del tenis, cantó con los barítonos más reconocidos y fue el vicepresidente del cuerpo de estudiantes en el Stevens College, donde obtuvo su título profesional en ingeniería mecánica. Después de su graduación, se casó con una descendiente de

Robert R. Livingston, el disidente puritano que vino a Estados Unidos en 1673.

Samuel se convirtió en un líder en la política en Ohio, estaba a cargo de un ferrocarril y organizó el primer esfuerzo de recolección de fondos durante la Primera Guerra Mundial a petición del afamado financiero Bernard Baruch, y fundó el campo de golf que se convertiría en el campo de entrenamiento para Jack Nicklaus. Él creía en el deber cívico, en darle de vuelta al país que le había dado la oportunidad de tener éxito. La descripción que tenemos de Samuel, escrita por William Barret, podría muy bien describir a muchos de los hombres en el linaje Bush: "El Sr. Bush sobresalía del promedio, medía casi 1.8 metros (6 pies), delgado en su constitución, con gracia al caminar. Tenía un rostro fino, firme, y bien parecido, con una sonrisa amable y una gracia encantadora en su porte. Sus características principales, me parecen, era que tenía una naturaleza libre de malicia, y una gentil cordialidad de trato que era refrescante observar. Puro y sin mancha del mundo, era en su sentido más verdadero un hombre espiritual. Poseía opiniones fuertes, aunque nunca fue agresivo u ofensivo al darlas a conocer".[9]

Claramente, Samuel Bush era un hombre excepcional de virtud personal y con una misión cívica, hijo de un hombre ampliamente espiritual con una profundidad literaria y filosófica, quien a su vez era hijo de un rudo e impetuoso aventurero y guerrero. Estos son los hombres que nos llevan más directamente a nuestra historia, porque el hijo de Samuel fue Prescott Bush. A él ya lo habíamos conocido. Él era el hombre alto en la pista de aterrizaje en Corpus Christi, Texas, aquel que le dio a su hijo, el piloto de veinte años las mancuernillas. Él es el padre del primer presidente Bush, el abuelo de George W. Bush, y es el fuego moral que impulsa a la familia Bush del siglo veinte.

Prescott Bush nació el 15 de mayo de 1895 y de muchas formas continuó con el patrón de los hombres Bush. Asistió a Yale como James Bush, podía cantar como Samuel Bush, y, cuando la Primera Guerra Mundial comenzó, se apresuró a servir en la Europa del general Pershing con un hambre de aventura que habría hecho que el viejo Obediah se enorgulleciera. Después de la guerra, se casó con una belleza enérgica e impetuosa de nombre Dorothy en St. Anne's a la orilla del mar, una pequeña iglesia en Kennebunkport, Maine.

Prescott se inició en los negocios, prosperó y rápidamente ganó una reputación de por vida por tener un alto carácter cuando expuso un fraude que estaba drenando la compañía de hule de su suegro. Sus talentos le permitieron llegar a Wall Street, donde su éxito fue legendario, y para la Segunda Guerra Mundial fue una figura lo suficientemente poderosa para que le confiaran la presidencia de la *United Service Organizations* [Organizaciones del Servicio Unido, servicio fundado en 1941 que se dedica a ayudar a los soldados durante una guerra llevándoles entretenimiento, comida y apoyo religioso]. Ganó reconocimiento nacional cuando viajó por el país levantando fondos para el *National War Fund* [Fondo Nacional de Guerra].

Prescott y Dorothy tuvieron cuatro hijos durante su ascenso a la fama. El primero, Prescott Jr., nació en 1922. El segundo fue George. Llegó al mundo en 1924 en una casa victoriana que los Bush tenían en la calle Adams en Milton, Massachusetts. Un día, se convertiría en más que en un interés pasajero el que la calle llevara el nombre de John Quincy Adams, el hijo del segundo presidente de los Estados Unidos.

Prescott decidió postularse para senador de los Estados Unidos después de la guerra. Fracasó dos veces, pero finalmente ganó como republicano cuando Eisenhower y Nixon guiaban el barco. Sirvió en el Senado durante una década y fue una figura prominente durante los años cruciales a finales de los cincuenta y principio de los sesenta. Prescott copatrocinó la fundación de los Cuerpos de Paz, inició el proyecto del submarino Polaris y apoyó fuertemente la legislación de los derechos civiles. También favoreció un salario mínimo más alto y fue uno de los patrocinadores principales del sistema federal de caminos. Fue uno de los hombres que, en los años de Eisenhower, ayudaron a que fuera un tiempo de transición en la historia estadounidense.

Sobre todo, el fuego moral de Prescott Bush fue lo que dejó la impresión más perdurable en sus hijos y nietos. Jeb Bush una vez lo describió como "un hombre estricto y recto".[10] Así era. Sus amigos lo llamaban el "Hombre de los Diez Mandamientos". Insistía en llevar corbata y saco en las comidas, esperaba que su familia lo llamara "senador", y demandaba excelencia atlética de todos incluso de su esposa. A pesar de todo este llano autoritarismo, era su alto sentido moral y su fe cristiana lo que dejó en ellos su marca más profunda.

Hay un ejemplo particularmente importante, no sólo por la pasión ética que revela, sino también porque el nieto de Prescott fue testigo del hecho, y la lección nunca lo dejó. Esto sucedió el verano del segundo año de George W. en Andover. Prescott había sido invitado a hablar en la graduación de la escuela de señoritas Rosemary Hall en Greenwich, Connecticut. La audiencia ciertamente esperaba el discurso senatorial usual, pero Prescott no tenía el ánimo para una conversación diplomática superficial. Estaba indignado por la conducta del nuevo gobernador de Nueva York, Nelson Rockefeller, quien era candidato a la presidencia en ese tiempo. Rockefeller se había divorciado de la que fuera su esposa durante treinta y dos años y se casó con una mujer divorciada, mucho más joven. El divorcio bajo cualquier circunstancia no era algo normal en ese tiempo, pero era igualmente inusual que un senador estadounidense reprendiera públicamente a una figura nacional en la introducción de un discurso. Prescott Bush no le disculpó nada a Rockefeller:

> ¿Hemos llegado al punto de nuestra vida como nación en el que el gobernador de un gran estado, quien quizá aspire a la candidatura a presidente de los Estados Unidos, pueda abandonar a una buena esposa, madre de sus hijos, divorciarse de ella, luego persuadir a la madre de cuatro jóvenes a abandonar a su esposo y sus cuatro hijos y casarse con el gobernador? [...] ¿Hemos llegado al punto en el que

uno de los dos grandes partidos políticos le
conferirá a este hombre su honor más alto y la
responsabilidad mayor? Me aventuro a esperar que no sea así.[11]

Fue un momento sorprendente, y George W. nunca lo olvidó. Él estaba sentado en la audiencia cuando su abuelo, el
senador, habló, y quedó conmovido profundamente por la
valentía moral de este hombre. La experiencia formó parte
del fundamento de su filosofía política. Años más tarde,
George W. le diría a un entrevistador: "Puedo recordar a mi
abuelo yendo tras Nelson Rockefeller por su divorcio [...] lo
cual, en ese punto, en la política era un tabú [...] Existe el
concepto de que uno es responsable por su propio comportamiento. Uno no puede echarle sus problemas a alguien más.
Uno debe manejarlos. Hay un código individual de honor y
respeto para su prójimo. Hay un fondo religioso y un sentido
religioso bastante fuerte para esto. Creo que lo que todos hemos heredado es la base para la filosofía política, si es que somos personas de política".[12]

Y por lo tanto las lecciones fueron pasadas de una generación a otra. Hacer lo correcto. Esforzarse por la excelencia.
Devolverle algo al país. No evadir su responsabilidad. Ser fiel
al sentido religioso. Estas lecciones, capturadas en la nota y
en las mancuernillas, eran lo que George Bush, el padre, quería que penetraran en el corazón de su hijo, el gobernador
electo, ese día de enero en 1995.

—☙—

George W. Bush escogió uno de los himnos para ese servi
cio de oración inaugural, aquel durante el cual lloró con la nota de su padre en la mano, lo no deja de tener gran significado. El himno era un estándar metodista, uno de los himnos
mejor conocidos de Carlos Wesley y que George W. había llegado a amar y hacerlo propio. El nombre del himno es: "A
Charge to Keep I Have [tengo una ordenanza que guardar]" y

vale la pena señalar su trasfondo. Las palabras provienen casi sin cambios del *Comentario bíblico de Matthew Henry,* un libro clásico cristiano. Son tomadas de la reflexión de Henry sobre Levítico 8:35 donde se le ordena a los sacerdotes del templo: "Guardaréis la ordenanza". Henry escribió:

> Todos nosotros tenemos una ordenanza que guardar, un Dios eterno a quien glorificar, un alma inmortal para la que proveer, deberes necesarios que cumplir y una generación a la que servir; y debe ser nuestra solicitud cotidiana el observar esta ordenanza, porque es encargo del Señor nuestro Amo, quien en breve nos llamará a cuentas acerca de ello, y es en nuestro más alto riesgo si lo soslayamos. Guardaréis la ordenanza para que no muráis; significa la muerte, muerte eterna, el traicionar la confianza que se nos deposita; al considerar esto debemos ser guardados en temor.[13]

Carlos Wesley reflexionó en las palabras de Henry, y las acomodó en uno de sus más de quinientos himnos. Se convirtieron en la letra de "A Charge to Keep I Have", el cual es tan amado por los metodistas hoy que a menudo se canta al cerrar los congresos denominacionales como un llamado para cambiar al mundo.

> Tengo una ordenanza que guardar
> Un Dios que glorificar,
> Un alma eterna que salvar,
> Y acondicionarla para el cielo.
>
> Servir a la generación presente,
> Cumplir mi llamado:
> ¡Oh, que todas mis fuerzas participen
> En hacer la voluntad de mi Amo!

> Ármame de una celosa preocupación,
> Para vivir delante de Tus ojos,
> ¡Y prepara a Tu siervo, Oh Señor,
> Para dar un reporte estricto!
>
> Ayúdame a velar y orar,
> Y de Ti depender,
> Seguro, si es que Tu confianza traicionare,
> De que por siempre moriré.[14]

A George W. Bush le encantaba el himno, así de vivo y con un sentido de deber y su poderoso llamado a un destino cumplido, ambos aspectos cercanos a él como rasgos familiares. No solamente pidió que lo cantaran en su toma de posesión, sino que también usó el nombre como el título de su autobiografía. Claramente, es un tema de su vida.

Pero Bush toma su ordenanza con cierto giro. Poco después de haber asumido su lugar en la mansión del gobernador de Texas, los amigos de muchos años de Bush le prestaron una pintura. El gobernador se sintió tan conmovido por ella que hizo que la colocaran directamente frente a su escritorio para que pudiera siempre tenerla a la vista mientras trabajaba. La pintura lleva el nombre de *A Charge to Keep*.

Que la pintura y el himno estén ligados en la mente de Bush dicen mucho acerca de su perspectiva de llamado, de destino y de liderazgo. La pintura es de W.H.D. Koerner, un inmigrante alemán que a menudo es comparado con Frederick Remington por sus retratos del Oeste Estadounidense. En la misma tradición, *A Charge to Keep* muestra a un jinete del Oeste clavándole las espuelas a su caballo, subiendo una colina difícil... solo.

Una vez que la pintura fue colgada en la oficina del gobernador, Bush envió un memorando a su personal. "Pensé en participarles algo", escribió, "un fragmento reciente de la historia de Texas que es el epítome de nuestra misión. Cuando vengan a mi oficina, por favor observen la hermosa pintura de un jinete que está esforzándose con determinación por subir lo que parece un sendero difícil y empinado. Así somos nosotros. Lo que le da vida completamente a la pintura para mí es el mensaje de Carlos Wesley, que servimos a Alguien mayor que nosotros mismos."[15]

La pintura es la imagen perfecta de la visión de liderazgo de George W. Bush, moldeada tal y como es por un legado demasiado poderoso como para ignorarlo. Tomó las palabras de un puritano, las pasó a través de la letra de un himnólogo metodista, y las envolvió en piel de botas texanas y las envió a la carga por la ladera de una colina escarpada en busca de destino. Él ha tomado la fe cristiana con toda su profundidad y herencia, y los encarnó en el eterno símbolo del jinete solitario. Para él, es el hombre que confía en Dios y arremete sobre un temible monte hacia lo desconocido aquel que define la historia, que hace el mundo mejor para aquellos que vienen después.

Fe. Valentía. Una hazaña valerosa. Un destino que alcanzar. Un legado que cumplir. Estos son los temas de la vida, el alma y el liderazgo de George W. Bush. Y las ve en función al verse a sí mismo a la carga de ese monte imaginario de la pintura de Koerner. Bush es ese jinete. Su destino está en el otro lado de esa colina. Dios está con él, y ni lo escarpado del sendero, ni la versión moderna de un enemigo montado lo va a alejar de su deber.

Tienen una ordenanza que guardar. Y ahora, en el linaje de la familia Bush así como en la nación, él cree que es su "turno".

Legado de fe: La familia Bush salen de la iglesia en Houston, Texas en el año 1964. De izq. a der.: Bárbara, George, Jeb (escondido), Dorothy, Neil (mirando a Dorothy), Marvin y George W.

# CAPÍTULO DOS

## Y por la cual pelear
## varonilmente

Un día cálido del verano de 1946 en New Haven, la congregación que se reunió en la pintoresca iglesia cruciforme se encuentra de pie para escuchar la lectura de la Palabra de Dios. Mientras tanto, el ministro camina hacia un punto detrás de la pila bautismal y hace una señal con su cabeza a una familia joven. El alto y delgado esposo da un paso hacia el pasillo y permite que su esposa pase primero, ya que ella lleva tiernamente en brazos al niño que ahora será consagrado al Dios de sus padres.

El ministro espera. Parece una figura real. Su hábito es del color verde profundo que la iglesia cristiana ha utilizado durante siglos para simbolizar los meses después de Pentecostés. Sus vestiduras hacen juego con el mantel que cubre el altar, con las velas e incluso con el separador de libros de la gran Biblia sobre el altar. Todo forma parte del gran drama celebrado por los fieles desde ese primer Pentecostés, cuando los cristianos creen que el Espíritu de Jesús descendió sobre los ciento veinte pioneros de su fe en alguna parte de Jerusalén.

*"Oid las palabras del Evangelio"*, dijo el ministro en un tono de voz ensayado previamente, con la familia y los asistentes en sus lugares asignados.

*"Y presentaban niños a Cristo para que los tocase; y los discípulos reñian a los que los presentaban. Y viéndolo Jesús se indignó, y les dijo: 'Dejad a los niños venir a mí, y no se lo estorbeis; porque de los tales es el reino de Dios'."* [1]

Así comienza la liturgia del *Libro de Oración Común*. Frente a la pila bautismal y al ministro está de pie el padre. Alto, delgado y distinguido, su nombre es George Herbert Walker Bush. Sobre su rostro están todas las emociones conflictivas de ser padre primerizo: orgullo, gozo con lágrimas, aprehensión y esperanza. Él es hijo de Prescott Bush, la leyenda de Wall Street y futuro senador de los Estados Unidos, lo que significa que ha sido entrenado para lograr, y lograr gloriosamente. El impulso para sobresalir corre en sus venas.

Él ya ha logrado bastante. Un estudiante atleta prominente en Andover, una de las escuelas preparatoria de varones de primera calidad en toda la nación, pospuso su entrada a Yale para poder unirse a la Fuerza Naval y volar bombarderos de torpedos para su país. El 2 de septiembre de 1944 fue derribado en una misión sobre las islas de Japón. Después de saltar en paracaídas en el Oceano Pacífico y flotar por horas, fue rescatado, milagrosamente, por un submarino estadounidense. Por su valentía se le otorgó la Cruz de Vuelo Distinguido. George regresó a casa como un héroe de guerra, entró a Yale, se casó con su novia y se convirtió en una estrella del equipo de béisbol de la universidad. En el verano de su tercer año está de pie para pedirle a Dios que redima el alma de su hijo.

El asunto de su propia alma, sin embargo, un día se volvería más un asunto de debate que el que hubiera deseado. En los años siguientes, una nueva fuerza en la política estadounidense llamada la Derecha Religiosa le pide a los candidatos a cargos públicos que declaren públicamente su adherencia en cuestiones espirituales. George va a buscar tener un lugar en la política, y su torpeza para hablar de las cosas profundas del corazón no le ayudará mucho.

Hay una palabra que la familia Bush utiliza a menudo para hablar de emociones y religión. Es la palabra *personal*. A veces es utilizada casi con resentimiento. Aunque son personas públicas, creen profundamente en la privacidad y descartan la premisa de que los aspectos más profundos de su alma deban ser grano para el molino público. Sus tristezas, su fe, sus intimidades, sus pensamientos más profundos son solo eso: suyos. Es una premisa de una época diferente y de una cultura distinta, pero es su premisa; una que a menudo los pondrá en riesgo en una época cada vez más reveladora.

George es claramente un hombre de fe. Criado como un episcopal, ha absorbido una forma elegante de cristianismo de la cultura aristócrata en la que vive: del tiempo de predicación antes de la cena de su padre devoto, de la vida religiosa en Andover, de la parroquia episcopal de su familia. Qué tan profundamente se ha incrustado esta fe en su propia alma desde el principio es difícil de decir, particularmente para él.

Sin embargo, como a Churchill al escapar de un campo de concentración Boer en África del Sur o a Lincoln a causa de la muerte de su hijo, la crisis confrontó a George con lo eterno. Vino cuando estaba flotando por horas en el Pacífico, inseguro de si eran o no los últimos momentos que viviría sobre la tierra. "Estaba orando, clamando a Dios por ayuda", dijo después. "Y entonces vino esta calma, este sentir de fe, de que de alguna forma iba a vivir. No fue algo súbito, como ver una luz, sino más bien una paz interna."[2]

La experiencia lo sostendría a través de los años, pero daría por satisfechos a los que demandaban saber si había *nacido de nuevo*. El léxico lo confundió. Sus críticos lo percibieron y dudaron de él. Él trató de aclarar: "Si por *nacer de nuevo* uno está preguntando: ¿Aceptó usted a Jesucristo como su Salvador personal?, entonces yo podría contestar un *sí* perfectamente claro, sin dudas ni confusión". Si lo hubiera dejado así, es probable que hubiera sido aprobado por la Derecha

Religiosa. Pero tenía que ser honesto. Este idioma del alma era nuevo para él, y si él iba a intentar hablarlo, tendría que decir la verdad, toda la verdad: "Pero si uno está preguntando: ¿Ha habido un solo momento, sobre el resto, en el que su vida haya sido transformada instantáneamente?, entonces no puedo decir que eso haya sucedido, ya que ha habido muchos momentos".[3]

Cuando él habló de esta manera delante de una habitación llena de cristianos conservadores, el sentir de decepción era palpable. La situación empeoró cuando trató de responder preguntas diseñadas para exponerlo. El reconocido pastor presbiteriano Dr. D. James Kennedy había creado un programa popular para ganar almas llamado *Evangelismo Explosivo,* centrado en la pregunta: ¿Si usted muriera hoy y Dios le preguntara por qué debería dejarlo entrar en Su cielo, qué diría usted? Para los evangélicos y los fundamentalistas, esta era la cuestión: ¿Qué te lleva al cielo? Pero en lugar de responder sencillamente que había confiado en Cristo como su Redentor, George dio traspiés y con titubeos ofreció perogrulladas acerca de la virtud, de ser un buen hombre y de amar a otras personas.

En cierta ocasión se le preguntó en que pensó mientras flotaba en el océano durante esas horas desesperantes después de haber sido derribado cerca de Japón. Respondió: "En mis padres, en nuestro país, en Dios [...] y en la separación entre la Iglesia y el Estado".[4] A algunos les pareció como que estaba tratando de insertar cada frase religiosa que podía recordar en una sola oración. La Derecha Religiosa no se lo tragó, particularmente cuando comparaban a Bush con el cálido y elocuente Pat Robertson o el gobernador llorón bautista de Little Rock llamado Bill Clinton.

Sin embargo, fue George Bush quien, como su primer acto presidencial, guió a la nación en oración durante su discurso inaugural el 20 de enero de 1989, y le pidió a Dios: "Haznos fuertes para hacer Tu obra".[5] Fue George Bush quien fue criticado por su amistad con Jerry Falwell pero que se rehusó a distanciarse de este, a veces cáustico, fundamentalista.

Y fue George Bush quien fue descrito por el Rev. Robert Schuller al dirigirse a su hijo George W. así: "Nunca había visto a nadie orar como tu padre ese día, y no creo que tú lo hayas visto. Fue una oración profundamente conmovedora".[6] El reverendo estaba recordando una visita a la Casa Blanca en 1989. Los terroristas en Líbano acababan de ejecutar a un oficial de marina y estaban amenazando con matar a otros rehenes militares. El presidente estaba profundamente preocupado, y Schuller nunca olvidó las oraciones que escuchó en la Oficina Oval ese día.

También fue George Bush quien mostró un lado tierno y suplicante de su fe. Había perdido a una hija, Robin, a causa de la leucemia. Apenas tenía tres años cuando murió. Él estaba devastado: "Me escurría dentro de nuestra iglesia algunas veces cuando no había nadie allí y le preguntaba a Dios: ¿Por qué, por qué esta pequeña niña inocente?". Fue un tiempo solitario y tormentoso, pero nunca olvido las lecciones que aprendió en ese valle. "Nunca he perdido la fe o la perspectiva espiritual a causa de esa experiencia", dijo después. "De hecho, el dolor de la experiencia nos enseñó lo dependientes de Dios que somos en realidad, y lo importante que es nuestra fe. En un momento como esos, todo lo que uno tiene es a Dios".[7]

Pero todo eso está lejos en el futuro. En este momento George Herbert Walker Bush está de pie no como un líder mundial o soldado en batalla. Él está de pie simplemente como padre, de frente al ministro vestido de verde delante de la pila que contiene el agua para lavar los pecados de su hijo. Es un día caluroso de verano en New Haven. El año es 1946. George está ofreciendo su primogénito a Dios, y todo parece lleno de esperanza.

*"Clamamos a ti por este niño, que ahora bautizamos: por tu abundante misericordia te rogamos que lo recibas, le concedas el perdón de sus pecados y lo llenes de tu Espíritu Santo para que pueda crecer en gracia y piedad; y al permanecer firme en la fe, gozoso en la esperanza y enraizado en amor continúe tuyo para siempre; a través de Jesucristo nuestro Señor".*

Al lado de George, sosteniendo al niño, está Bárbara. Él la llama Babs. Es una descendiente directa del catorceavo presidente de los Estados Unidos, Franklin Pierce, e hija del presidente de la editorial McCall Publishing Company. Nació y se crió en Rye, Nueva York; ha vivido la vida de los bien nacidos y los bien criados: la escuela de señoritas, sirvientes afables, el abolengo, las relaciones de la clase social alta.

Aun así, ella tiene un aire refrescante de tener los pies en la tierra. Posiblemente es que ella es la tercera de cuatro hermanos y ha tenido que ser un poco más ruda que los demás. Quizá es porque su relación con su madre no es la mejor, y ella se apoya en su brillante padre, un hombre de gran corazón que ha salido adelante por sí mismo. Sea cual sea el caso, ella es admirablemente poco pretenciosa dado su trasfondo, y aun así, nunca excesivamente realista. Ella es poética, aunque de habla sencilla; capaz de cortarle algunos centímetros al que se quiera hacer pasar por importante o al orgulloso, pero bastante capaz de inspirar al humilde.

Es intrépida. Poco después de su matrimonio, el padre de George la encontró fumando un cigarrillo.

—Ese no es un buen hábito para una mujer —refunfuñó, mientras encendía un puro.

Ella ni siquiera pestañeó.

—Ya fumaba antes de convertirme en su nuera —contestó—, así que no me puede sermonear ahora.[8]

A ella no le importaba que él era su suegro y uno de los hombres más poderosos de Estados Unidos. Ella estaba en lo correcto. Eso era todo lo que importaba.

Esta franqueza permanecería con ella durante toda su vida y no la dejaría en los asuntos de la religión. Ella había sido criada como presbiteriana y, como su esposo, tenía una fe profunda pero no podía señalar un punto de transformación. Su fe le había llegado al estilo presbiteriano: a través de un proceso, un ciclo repetitivo de atracción, de siembra y cosecha. Ella lo atesora. Es profundo, personal; no para exhibirlo públicamente. Ella sospecha de la espiritualidad pública.

Cuando su esposo sea presidente, ella tendrá que ser anfitriona de los principales predicadores de televisión de la época. Lo cual no siempre es una experiencia agradable. *"Me ofende cuando ellos piensan que son los únicos que han descubierto a Dios"*, escribió ella en su diario. *"Él ha representado un papel bastante importante en nuestra vida"*. A ella le desagrada el orgullo y la pompa. Cualquiera que parezca ser arrogantemente santo es un candidato para un disparo de su arco. Cuando Jimmy Swaggart visitó a los Bush en la Casa Blanca declaró que cualquiera que le gustara la música *country* era inmoral. "Entonces yo estoy arruinado", respondió el líder del mundo libre.[9]

La mezcla de religión y política a veces la confunde, e incluso la ofende. Cuando Pat Robertson venció a su marido en las elecciones primarias de Iowa, el anfitrión de *El Club 700* anunció al mundo que: "Dios merece el crédito por la victoria". Naturalmente, esto fue ofensivo para la esposa del candidato vencido. "Dios es importante en nuestras vidas", respondió, "sólo que es más personal".[10] Lo que es sorprendente aquí es tanto el uso de la palabra personal, y la premisa de que la fe pública de Pat Robertson no es tan personal como la de los Bush. Ella no tiene el propósito de juzgar. La declaración revela su creencia de por vida, de que entre más público es algo, menos es un asunto del corazón. Esto es, de nuevo, una cultura y un sistema de valores distinto el que está hablando, pero el día vendrá cuando la fe de su propio hijo va a desafiar su manera de pensar.

Y ella va a tener más que ver con la fe de ese hijo que lo que muchos podrían pensar. Es ella quien se va a asegurar de que la familia asista regularmente a la iglesia. Es ella quien va a garantizar que Billy Graham sea un invitado frecuente en el hogar. Ella es quien va a pedirle discretamente a sus amigas a que oren por la salvación de sus hijos. De muchas maneras, ella es la influencia espiritual vital de la familia. Cuando un reconocido artista cristiano visite la Casa Blanca, su conclusión será: "George es cristiano, pero Bárbara es una creyente".

El bautizo está a punto de terminar. George y Bárbara están de pie cada uno al lado del ministro vestido de verde. El hombre de Dios les está haciendo una pregunta.

*¿Ustedes creen solemnemente en los Artículos de la Fe Cristiana, contenidos en el Credo de los Apóstoles; y ustedes reconocen la obligación, hasta donde esté en su poder, de hacer que este niño sea criado en el amor y amonestación del Señor, que sea diligentemente instruido en las Santas Escrituras, y que se le enseñe el Credo, el Padre nuestro, los Diez Mandamientos, y todas las demás cosas que un cristiano debe conocer y creer para la salud de su alma?*

No hay titubeos. Ellos sabían que la pregunta iba a venir y habían reflexionado en ella en la manera sincera de los padres primerizos. "Así es", respondieron juntos.

*Oh Dios misericordioso, concede que como Cristo murió y se levantó otra vez, así también este niño pueda morir al pecado y levantarse con vida nueva. Amén.*
*Concede que todos los afectos pecaminosos mueran en él, y que todas las cosas pertenecientes al Espíritu vivan y crezcan en él. Amén.*
*Concédele fuerza y poder para que obtenga la victoria, y triunfe del diablo, del mundo y de la carne. Amén.*

Y el ministro suavemente toma el niño de brazos de la madre, derrama agua sobre él y proclama:

*George Walker Bush, yo te bautizo en el nombre del Padre, y del Hijo y del Espíritu Santo.*

Bárbara recibe al niño de nuevo de manos del ministro, quien a su vez levanta la voz para proclamar:

*Recibimos a este niño entre la congregación del rebaño*

*de Cristo; y lo signamos con el signo de la Cruz, en señal de*
*que en adelante no se avergonzará, y peleará varonilmente*
*bajo su bandera contra el pecado, contra el mundo y contra*
*el diablo, y continuará fiel soldado y siervo de Cristo hasta*
*el fin de su vida. Amén.*[11]

—m—

George W. Bush nació en el primer año de la posguerra de
la Segunda Guerra Mundial, el primer año de lo que en Estados Unidos llegó a ser conocido como la época *baby boom;*
un año en el que los encabezados fueron tenebrosamente
proféticos de cómo iba a ser la mitad restante del siglo.

En marzo de ese año, Winston Churchill le dijo al mundo que una "cortina de hierro" comunista estaba cayendo a
lo largo de Europa. Un mes después, un comité británico-
estadounidense propuso la partición de Palestina en estados árabes y judíos independientes. En julio, la madre
Frances Xavier Cabrini se convirtió en la primera ciudada-
na estadounidense en ser canonizada por la Iglesia Católi-
ca Romana. Ese mismo mes, los Estados Unidos comenzaron las pruebas atómicas en el Atalón Bikini en las islas
Marshall. En una conexión extraña de la historia, las modelos de pasarelas de moda de París pronto estaban portando
los primeros trajes de baño bikini. Todavía más ominosa-
mente, en noviembre, fuerzas francesas bombardearon
Haiphong en Vietnam, matando a más de seis mil vietna-
mitas y marcando los primeros intentos fútiles de mantener el control de la Indochina francesa.

Los encabezados para la literatura y las artes eran iguales de simbólicos de lo que iba a venir. Fue en 1946 que el
Dr. Benjamin Spock publicó el libro *El cuidado de su hijo
del Dr. Spock* con el cual inauguró la revolución de la crianza que moldearía una generación. El musical de Irvin Ber-
lin *Annie, la reina del Oeste* era lo máximo, sus tonadas
más memorables parecían ser los temas del siglo: *There's
No Business Like Show Business* [No hay negocio como el

negocio del entretenimiento], *Doin' What Comes Naturally* [Haz lo que sientas hacer] y *Anything You Can Do (I Can Do Better)* [Todo lo que puedas hacer (Yo lo puedo hacer mejor)]. *Los mejores años de nuestra vida* fue la película más popular del año y barrió con los Oscares. Eugene O'Neil publicó *Aquí está el vendedor de hielo*, Alfred Hitchcock dirigió *Encadenados,* y Simone de Beauvoir ofreció una visión existencialista de la muerte en *Todos los hombres son mortales*. Fue un año de contrastes delante de medio siglo de confusión.

Si dejamos a un lado la política mundial y las artes, lo que más moldearía a los Estados Unidos comenzando ese año sería el sorprendente nivel de prosperidad que estaban a punto de disfrutar. Los Estados Unidos poseían noventa por ciento del oro del mundo, habían emergido triunfantes tras dieciséis años de depresión y guerra, y habían pasado por una revolución tecnológica durante los años de la guerra que estaba comenzando a mostrarse en los bienes de consumo. Los Estados Unidos eran ricos y estaban a punto de ser más ricos. Los suburbios, los caminos, los fantásticos autos, los brillantes electrodomésticos, las universidades, el tiempo libre, los niños, la televisión, el negocio de que Estados Unidos fuera negocio; esto pronto se convertiría en algunas de las preocupaciones de la mayoría de los estadounidenses y de los soldados que regresaban de la guerra en particular.

Que George W. Bush haya nacido en 1945 colabora mucho para explicar el hombre en el que se convertiría. Él es un caso de contrastes, la amalgama de materiales culturales que uno ve rara vez combinados. En esto él es, en parte, producto de su época, ya que es de la generación *baby boomer* con un giro de clase alta. Como muchos de su generación, ha estado en fiestas a lo grande, ha navegado el espectro sensual-espiritual, y se ha vuelto suavemente conservador en sus últimos años. Se ha alejado de sus padres sólo para volver y encontrarse a sí mismo preguntándose si alguna vez será tan bueno como lo fue la "gran generación". Él es ecléctico, inquieto e intuitivo, como veremos. Él y su generación han cambiado de empleo, de casa y de sueños, más que cualquier otros en la historia estadounidense. Nos han dado las piedras mascota ("Pet Rocks") y la PC, lo frívolo y lo ingenioso. Ha sido la generación más creativa, inquieta, inconsistente, brillante y egocéntricamente compasiva sobre la tierra. Y él es uno de la tribu.

Y aun así, también se sale de algunos de los estereotipos de su generación. Parece menos aprisionado por el narcisismo destructivo de su época. No es muy introspectivo y no parece estar atrapado en el ciclo de los extremos que marean a tantos en su generación. Parece más sencillo, menos fácil de impresionar, más enérgico y un poco más respetuoso que sus contemporáneos. Y raras veces ha virado lejos de sus anclas en la familia, la fe y su filosofía política a veces demasiado simple.

Él no cuadra completamente en el patrón de su época, y los historiadores buscarán resolver ese misterio por mucho tiempo. Van a investigar fuertemente las fuentes de su singularidad y esperemos nos digan un poco más con los años. Pero si ellos verdaderamente quieren las respuestas, deben comenzar donde él dice que la historia comienza: en el desértico escenario azotado por los vientos de West Texas.

—⁂—

George W. llegó al mundo extrañamente tarde. Su abuela impaciente, no estaba dispuesta a tolerar su demora y finalmente insistió que su madre tomara aceite de ricino. Toda la resistencia terminó, el bebé llegó, y la única decepción de Bárbara fue que el niño no pesó los treinta kilogramos (60 libras) que ella engordó durante el embarazo. Aparentemente fue un niño expresivo desde el principio. La madre de Bárbara dijo que no le gustaba salirse del alcance de su vista porque el niño siempre parecía ofenderse de no ser más el centro de atención. El político del futuro ya se estaba *abriendo paso*.

Digno es de señalar que incluso en su primer año de vida era llevado a menudo al campo de béisbol. No sólo observó a su padre jugar en la primera base como capitán del equipo de Yale, sino que el joven George W. fue adoptado por el encargado del estadio Morris Greenberg, quien a menudo se llevaba consigo al muchacho a trabajar y lo dejaba jugar en el diamante. Algunas veces lo llevaba al museo Peabody, y de ahí comenzó la vida "criminal" de George W. Bush. El Sr. Greenberg le mostró al sorprendido muchacho el esqueleto de un dinosaurio enorme que tenían en el museo. George W. estaba maravillado y no podía esperar a llegar a casa para contarle a su madre. Mientras le narraba emocionado la aventura a su madre, orgullosamente le entregó una bolsa de papel. Ella miró dentro y encontró unos huesos que su hijo había tomado de la cola del dinosaurio. Los huesos fueron regresados rápidamente, sin un solo rastro de una coartada.

George W. no recuerda nada de esto, ya que sus primeros recuerdos son de Midland, Texas. En 1948, su padre se graduó de Yale con un título en economía y salió hacia West Texas al siguiente día. Había decidido no seguir a Prescott Bush a Wall Street, sino más bien hacerse su propio camino. "Quería hacer algo por mí mismo", dijo después. "No quería estar a la sombra de este hombre poderoso y respetado".[12] Es una declaración reveladora. Claramente, George H. W. Bush quería librarse de su vida apretada en Nueva Inglaterra con sus convenciones rígidas y lanzarse al mundo riesgoso y prometedor del pueblo del petróleo: West Texas. Quizá quería probarse en una profesión para la cual su padre no lo había preparado. O quizá, era sencillamente que había mucho dinero de por medio. Cual sea la razón, su decisión de mudarse a Midland en 1948 cambiaría la vida de su hijo para siempre.

"Yo no sé cuánto porcentaje de mí es Midland", dijo George W. Bush una vez, "pero yo le diría a la gente, que si quiere conocerme, necesita entender a Midland y la actitud de Midland".[13] No es inusual que un joven haya absorbido tan profundamente los valores de un lugar al cual su corazón regresa incluso cuando su cuerpo no puede hacerlo. Ocurrió cierta transacción, cierta impartición. Los recuerdos se saturaron de significado, un tipo de arqueología emocional, que refuerza, que inspira y que algunas veces protege. Midland es ese lugar para George W. Bush. Mientras era gobernador de Texas, él estaba teniendo una conversación con un colaborador cuando de pronto dejó salir: "Si muriera hoy, me gustaría ser enterrado en Midland".[14] Él no estaba planeando su funeral. Estaba ubicando su corazón.

Midland y su ciudad hermana Odessa, se convirtieron en las capitales de una nación petrolera en miniatura cuando explotó el pozo petrolero Santa Rita No. 1 en mayo de 1923. El mapa decía que el lugar era el condado Reagan. Los inversionistas católicos sugirieron bromeando que el pozo debía ser nombrado Rita, la santa de lo imposible. El Santa Rita desafió su propio nombre y atrajo a los sedientos de crudo alrededor del mundo hacia los pueblos tranquilos de Texas, con un subsuelo rico en petróleo.

West Texas es una tierra plana, sin árboles, polvorienta, no apta para la agricultura. Los visitantes del Este a menudo se sorprenden de lo extenso que parece ser el cielo. No hay montañas, ni árboles que estorben la vista, y tienen la tentación de llamar a West Texas *La tierra del gran cielo*, provocando la consternación de la gente de Montana que con todo derecho reclaman la propiedad de la descripción. Lo que pasa por árbol de hecho es una planta leguminosa llamada mezquite, y las bolas de hierba seca son tan grandes y abundantes que algunos del lugar solían pintarlos en Navidad. Los edificios son a menudo de un piso y con el techo plano. Los jardines de roca son comunes, muchos de ellos con un cactus como la pieza central. Las paredes están adornadas con retratos familiares, animales cazados orgullosamente y otros emblemas de la memoria de West Texas: alambre de púas, pieles de vaca, nudos de reata, pinturas de vaqueros y paisajes del Oeste.

La industria petrolera por naturaleza atrae tribus que normalmente no se mezclan. Están los inversionistas acaudalados y los no tan acaudalados, los ingenieros y geólogos altamente capacitados, los barrenadores, los cargadores, los obreros a destajo, los contadores y banqueros, los camioneros, los jefes de almacén, los supervisores de planta, los abogados siempre presentes y docenas de servicios para estas personas: restaurantes, hoteles, hornos de barbacoa, talleres mecánicos, bares, prostitutas, salones de baile, vendedores de camiones, corredores de apuestas, agentes de seguros, y quizá una iglesia o dos.

Midland se volvió un lugar en el que las culturas se superponían entre sí. Primero estaban los auténticos lugareños. Con una herencia de ferrocarriles y crianza de ganado; los ciudadanos de Midland eran personas con mucha gracia, trabajadores, gente religiosa. Los niños siempre se dirigían a sus mayores formalmente, y un hombre de cincuenta y cinco años se dirigía a un hombre de sesenta como: "Señor" y "Don". Las puertas normalmente se dejaban sin pasarle el cerrojo y nada era peor en este mundo comunal que una mala reputación. La conversación era altamente aquilatada, y los hombres se reunían a conversar reclinándose sobre sus camiones, debajo de los árboles y en los porches para intercambiar historias y conocimientos. Las mujeres hacían lo mismo con sus hijos pequeños a sus pies. Los del interior eran personas amigables, comunicativas y hogareñas. Los forasteros eran tratados con precaución, pero con respeto.

Cuando las noticias de que había petróleo en West Texas llegaron al mundo, los del interior auténticos fueron invadidos. Llegaron los adinerados de las principales universidades del Este, con manos de seda, un entendimiento del mundo sacado de los libros y suficiente arrogancia como si todo lo supieran. También estaban los cargadores y los obreros —blancos, mexicanos y algunos negros— quienes trabajaban duro, bebían mucho, peleaban bastante, rompían todo, eran arrestados y volvían a empezar el ciclo otra vez. También los trenes venían con los vagones llenos de visitantes que variaban desde inversionistas del Este hasta miembros de la prensa y funcionarios del gobierno buscando algo que controlar o sobre lo cual cobrar impuestos.

Lo que emergió con el tiempo fue un nuevo tipo de hombre. Vemos un intento de Hollywood por capturarlo en la película *Gigante* de George Stevens, basada en la novela de Edna Farber y protagonizada por Rock Hudson, Elizabeth Taylor y James Dean en la última actuación de su vida. Sin importar sus errores, la película captura la integración de la cultura del ganado con la del petróleo, la manera de hacer las cosas en el Este transplantadas a la esterilidad del Oeste, y cómo la riqueza deforma. Estaba surgiendo una nueva cultura, y el idioma comenzó a reflejar esa nueva realidad. Cuando a una mujer se le preguntaba a qué se dedicaba su padre, —él vestido de traje, botas, sombrero vaquero, portafolio de piel al hombro subiéndose a una limosina— ella respondería: "Es un ranchero petrolero".

—⁓—

Esta era la cultura en flor con la que se encontraron el pequeño George W. Bush de dos años y su madre cuando pisaron tierra, en la pista de aterrizaje de Odessa en 1948. Seguramente fue impactante para Bárbara. La casa que su marido le había conseguido era una dúplex sobre un camino sin pavimentar y con prostitutas viviendo en la casa contigua. Se tenían que espantar animales de granja para poder salir de la casa. El olor podía ser abrumador. Una noche, Bárbara se despertó en pánico e hizo salir apresuradamente a la familia de la casa. Ella había olido gas y pensaba que estaban en peligro. Los vecinos le explicaron que sencillamente el viento se había llevado las emisiones de gas de las plantas petroleras cercanas.

Bárbara tenía que cambiar. Su esposo ya estaba cambiando. El héroe de guerra, graduado de una universidad de élite y estrella deportiva trabajaba como un jornalero común hombro a hombro con hombres que no sabían dónde estaba Connecticut. Él vendía equipo para la explotación petrolera, aprendió todo el negocio desde abajo, y algunas veces se excedía en sus goces. Cierta Noche Buena, su compañía celebraba con barra libre, y George, quien no bebía mucho, seguramente no quiso quedar como el abstemio sobresaliente. Bárbara supo que había llegado a casa cuando un camión llegó a toda velocidad a su puerta, tiró un bulto en su jardín y se alejó. El bulto era su marido que estaba borracho. Todavía hoy es algo que le recuerdan continuamente.

Los que escriban acerca de los días de la familia Bush en Midland estarán tentados a enfatizar el cambio que fue para ellos venir del Este a West Texas. Esto es verdad acerca de los padres, pero no para el hijo. Para George W., Midland era su hogar, lo normal, la manera en la que el mundo debería ser. No es difícil ver la energía varonil de Midland incrustándose en su sistema. Midland triplicó su tamaño durante la década en la que los Bush vivieron allí. De un pueblo ganadero sobre-poblado se convirtió en una minimetrópolis de rascacielos, elevándose de la maleza y los cactus. El ADN de competencia de los Bush hizo que el padre de George W. encontrara éxito y llevó a la familia a través de una serie de casas cada vez más bonitas, símbolo de una prosperidad siempre en aumento. George W. creció desde los dos hasta los once años en una cultura progresista, orientada al logro, llena de buena fe, rui-dosa, bebedora, comilona y deportista. Y prosperó en ella.

Sus años preescolares fueron casi idílicos, con padres acomodados, rudas aventuras en bicicleta, exploraciones al arroyo local o revolcaduras de búfalos, y películas de Buck Rogers o de vaqueros en el teatro Ritz. Rápidamente apren-dió que el béisbol era la llave al orgullo de su padre y el res-peto de sus amigos. Su papá le enseñó a jugar y cómo el jue-go es una metáfora de la vida. Uno de sus momentos más fe-lices fue cuando su padre, estrella del béisbol, le dijo que ya no se moderaría al jugar a lanzar la bola entre ellos, sino que lanzaría con todo el brazo porque sabía que George W. podía manejarlo. Sintió las palabras como una bienvenida a ser hombre.

Asistió a la escuela primaria Sam Houston y fue un estu-diante popular y desordenado. Tristemente, siempre relacio-naría la escuela con la muerte de su hermana, Robin, quien había contraído una de las enfermedades más temida de la in-fancia, leucemia, y pelearía contra ella durante siete meses ex-tenuantes. George y Bárbara le ocultaron a sus hijos lo grave que estaba. George W. apenas tenía siete años, y no querían apesadumbrarlo. Él sólo sabía que Robin estaba enferma y que los doctores la estaban atendiendo en Nueva York. Entonces, un día vio el carro de sus padres entrando al estacionamiento de la escuela, y él estaba seguro de haber visto a su hermana en el asiento trasero. Pensó que ya la habían traído a casa y no podía esperar a verla. Corrió alegremente al carro y al llegar, sus padres con lágrimas le dijeron que ella nunca iba a regresar a casa. Robin había muerto.

Una depresión cayó sobre la casa de los Bush. El dolor se volvió físico y no dejaba dormir a George y a Bárbara. Décadas después, el recuerdo de su muerte todavía los conmueve. Nada sería igual otra vez. El ambiente de la casa tuvo un efecto inusual en el pequeño George W. ya que comenzó a sentir que era su responsabilidad alegrar a sus padres. Comenzó contando chistes e historias graciosas, cualquier cosa para ver una sonrisa de nuevo en el rostro enlutado de su madre. Un día Bárbara escuchó por casualidad a su hijo diciéndole a un vecinito que no podía salir a jugar porque su madre lo necesitaba. "Eso comenzó mi recuperación", escribió ella en su exitoso libro de memorias. "Me di cuenta de que yo era una carga demasiado pesada para un niño de siete años."[15]

Esta historia revela algo importante acerca de su personalidad. Incluso a los siete años, él sentía que tenía el poder de hacer que las personas a su alrededor se sintieran diferentes. Llámelo encanto o personalidad, ingenio o una presencia atractiva, él creía que tenía una fuerza dentro de sí que podía levantar el ánimo y restaurar. Dice mucho acerca de cómo se veía a sí mismo y de cómo su vida en Midland le había dado la oportunidad de explorar el efecto de su persona sobre una variedad cada vez más amplia de personas.

La escuela de educación media en la que estudió fue San Jacinto Junior High, en la cual se postuló como candidato a la presidencia de su generación de séptimo grado y ganó. Obtuvo la más alta calificación en todas sus materias, fue la estrella en el fútbol americano y el béisbol, y era conocido como un muchacho popular con una bocota. Era arrogante, agresivo, rápido y sarcástico. Pero no le molestaba mostrar ternura. Una vez, en la que la mamá que estaba llevando al equipo de porristas a un juego de fútbol, se perdió en el camino y las porristas no estuvieron presentes en una gran parte del juego, George W. se dio cuenta. Cuando las muchachas llegaron, les dijo que había estado preocupado y les preguntó si estaban bien. En el mundo del fútbol americano en West Texas las porristas son un taco de ojo que debe ser ignorado durante el juego por cualquier jugador que se respete a sí mismo. George W. estaba rompiendo el código de conducta, pero a él no le importaba. Parece ser que la compasión podía a veces vencer la *personalidad respetable*.

Su mundo era una mezcla entre Texas y Yale. Él conocía hombres que le daban grasa a sus botas para ir a la iglesia y dejaban su cinturón con pistolas en el camión para entrar a cenar. Sabía de peleas mortales con cuchillos, el estilo de vida "mátalo y ásalo" del hombre de campo del Oeste y sabía como hacer ruido sobre los matorrales para mantener alejadas a las víboras de cascabel. Él no había sido transplantado al mundo de los sombreros de vaquero, las botas, las grandes hebillas de plata, los rifles, los caballos y el lazo. Todo formaba parte del único mundo que él conocía.

También conocía los deportes, y los conocía más como una actividad formadora de carácter que como entretenimiento para una multitud. Su padre entrenaba a su equipo de béisbol y asombraba a los muchachos con sus habilidades. Todos querían ser como él, George W. más que nadie. Así es como funcionan los deportes: le dan un modelo a seguir a los muchachos. No es de poca importancia que él era el líder de la ofensiva en el campo del equipo de fútbol americano en un pueblo de rivalidades legendarias. George W. aprendió los deportes como el combate controlado de las personas de principios, y las lecciones que aprendió nunca las olvidó.

Fuera que lo supiera o no, estaba absorbiendo un sentido de lo que significaba ser un hombre. Conocía lo violento, lo duro y lo llanamente habilidoso. También conocía la hombría como la fuerza que hace que una familia sea completa, una mujer protegida, un niño seguro de sí mismo y una comunidad fuerte. Él había visto a su padre tratar bien a su madre, servir en la iglesia, entrenar al equipo con carácter, ordenar respeto en el mundo cargadamente masculino de la huerta petrolera. Conocía lo terrenal y lo de mal gusto, también. Es altamente importante, que aunque tendría sus años de seductor, que con el tiempo le permitiría emerger a una hombría estilo Midland con fe resuelta. Lo cual formaría en él una agresividad templada, y serviría bien a sus principios. La gente lo encontraría refrescante en un mundo de géneros inciertos.

No debemos ignorar la participación de la familia Bush en la Primera Iglesia Presbiterania de Midland. Sabemos que su papá participó en comités y levantó fondos, su mamá no se pudo haber escapado de hornear algo o enseñar a los niños, y el pequeño George W. ciertamente estuvo sentado en las clases de la escuelita dominical y exhibía su personalidad delante del grupo de jóvenes de la iglesia.

Sin embargo, el hecho es que la iglesia sólo era parte de sus vidas como un hilo en el tejido de la vida en Midland. Esto no es para cuestionar su fe personal —aunque es poco probable que George W. haya tenido una hasta ese punto de su vida— sino más bien para cuestionar el papel de la iglesia en esa fe durante esos años. La verdad es que todo Midland era su iglesia, tal como era, y no solamente el edificio en el que entraban el domingo en la mañana. Por eso Midland representa un papel protagónico en el pensamiento de George W. Bush hoy día.

El Midland de sus recuerdos no está lejos del Midland de la realidad, pero cuando habla de él, suena como si estuviera describiendo una escena de *It's a Wonderful Life (Es una vida maravillosa)*. Es difícil que nuestra cultura cínica lo tome en serio. Lo importante no es que sus recuerdos concuerden completamente con la realidad —aunque es importante—, sino que el Midland de sus recuerdos sea la imagen central de su vida, su versión West Texas de una Nueva Jerusalén. Mire esto:

Midland era un pequeño pueblo, con los valores
de un pueblo pequeño. Aprendimos a respetar a
nuestros mayores, hacer lo que ellos decían y a
ser buenos vecinos. Íbamos a la iglesia. Las familias pasaban tiempo juntas, en la calle, los
mayores conversando con los vecinos mientras
los niños jugábamos a la pelota o con canicas y
yo-yos. Nuestras tareas en casa y en la escuela
eran importantes. Los ciudadanos más influ-
yentes se esforzaban por atraer a los mejores
maestros a nuestras escuelas. Nadie cerraba las
puertas con cerrojo, porque podía confiar en sus
amigos y vecinos. Era una infancia feliz. Yo estaba rodeado de amor, de amigos y de deportes.[16]

Hay mucho de la declaración anterior de lo que la persona
endurecida se puede burlar. Sin embargo, aquellos que quieren comprender mejor a George W. Bush encontrarán su mayor fuente aquí. Lo que este hombre piensa que vivió en Midland es la manera en que él cree que la vida en tierra debe ser.
El que lo idealice o no, no tiene que ver con la cuestión. El
punto importante es que su experiencia en Midland, aunque
sea filtrada a través del tiempo, es su ideal, la manera en la que
él piensa que los seres humanos deben vivir en todos lados.

Podemos llevar el punto más lejos. En el momento en que
más tarde en su vida encuentra verdadera fe, su conversión
ilumina bastante de lo que ya había absorbido en Midland. Lo
hace un mejor hombre. Y enmarca su cosmovisión. En cierto
sentido, invade Irak —sí para arrancar una amenaza terrorista y remover a Saddam— pero para hacer un Midland del Medio Oriente; no tanto como un paralelismo cultural e industrial exacto, sino como el modelo de cómo deben vivir los seres humanos juntos. Sus esperanzas para el Irak de la posguerra son seguridad, familia, líderes políticos benévolos, buenas
escuelas, deportes, amigos y amor. Todos los hombres deberían vivir así, él cree. Es lo que quiere que sea Estados Unidos,
y lo que Estados Unidos dé como ejemplo al mundo.

La religión es más que lo que sucede en una iglesia, un templo, una sinagoga o una mezquita. Es el sistema de valores exteriorizado que hace de la cultura lo que es. Es la manera de hacer las cosas, las preocupaciones máximas de un pueblo. El punto aquí no es que la fe de George W. sea el imponer cierto tipo de Midland místico al mundo. El punto es que si vamos a conocer la fe de un hombre, debemos seguir lo que él cree fuera de las instituciones religiosas y las categorías al lugar donde se hace mejor conocida en las calles. Para Bush, esas creencias nos llevan tanto a nosotros como a él a la década que pasó de niño en Midland y a la manera de vivir auténtica que él vio allí. Por eso es que él es capaz de decir que Midland es quien es él.

—m—

George W. comenzó a comprender lo enraizado que estaba a la tierra de Midland cuando la familia Bush se mudó a Houston. La riqueza, el elitismo y la indiferencia que encontraron en la ciudad más grande del estado de la estrella solitaria seguramente les pareció familiar a sus padres. Lo habían conocido en el Este. Pero para George W. era un mundo más frío y solitario. No pudo ingresar a St. John's, la mejor escuela privada de Houston, y terminó en la menos rigurosa, pero todavía prestigiosa escuela Kinkaid. Sus compañeros de clase lo aventajaban. Una vez estaba esperando el autobús de la escuela cuando un amigo le ofreció llevarlo. El muchacho no tenía más de catorce años y estaba conduciendo su propio auto deportivo. Definitivamente ya no estaba en Midland. Con el tiempo, haría amigos, sobresaldría en los deportes y obtendría las notas más altas en la escuela, pero había sido cortado para Midland; Houston era una tierra extraña.

Su sentido de estar en el lugar incorrecto podría haber abierto la puerta de su corazón a los asuntos de la fe. Sirvió como monaguillo en la Iglesia Episcopal St. Martin donde su familia asistía, y fue atraído a lo táctil de la liturgia: "Me encantaba la formalidad, el ritual, las velas; y allí sentí los

primeros impulsos de una fe que duraría años en forma-
ción".[17]

Estas palabras no son las de un muchacho de catorce años,
por supuesto, sino más bien las de un hombre de cincuenta
años reflexionando sobre su vida. Como sus padres, nunca iba
a poder señalar un momento de transformación, un despertar
espiritual instantáneo. Él sabe que no ha llegado a la fe súbi-
tamente, sino que la fe se ha levantado en él a través de los
años. Su fe crecería y disminuiría, y habría momentos en los
que algunos se preguntarían si su vida iba a ser una promesa
sin cumplir. Pero el día vendría en el que toda le fe que había
sido plantada en él, desde sus oraciones de niño a los credos
presbiterianos, de la cultura cristiana de un pueblo pequeño
al Cristo conocido en un servicio episcopal, florecería para
convertirse en el principio rector de su vida. Pero sería el desierto que conocería antes de este florecimiento lo que lo haría más dulce en el momento de su venida.

Diversión en la Liga Ivy (Hiedra): George W. Bush
durante sus años en la universidad de Yale, 1964-1968.

# CAPÍTULO TRES

## Los años nómadas

Cuando un hombre se torna en presidente de los Estados Unidos, es difícil ver los años anteriores como otra cosa distinta a un curso predeterminado hacia la Casa Blanca. Sin embargo, a menos que veamos al hombre separado de su gobierno, no podemos realmente ver al hombre, y aunque para pocos presidentes este ha sido el caso, más lo es para George W. Bush.

La historia de Bush es fácil de verla en términos de acontecimientos inevitables. Fue el primogénito de un presidente de los Estados Unidos. Era acaudalado. Bien parecido y de personalidad agradable. Tenía títulos de dos de las mejores universidades del mundo. Aun así, en el momento en que Bush cumplió cuarenta años, muchos lo consideraban un fracaso. Se había quedado terriblemente corto comparado con los logros de su padre a la misma edad, había vivido una vida principalmente sin objetivo, y había fracasado en casi cada empresa que había comenzado. Lo que es más, de una manera notoria, era incapaz de comunicarse verbalmente y bebía tanto que cierta vez desafió a su padre a una pelea a golpes.

Sorprendentemente, doce años después este mismo hombre sería el candidato republicano a la presidencia de Estados Unidos. Es un hecho que demanda comprensión, tanto de los años que el mismo Bush llamó "nómadas", así como de la transformación que trajo su falta de dirección a un fin y le dio el poder de lograr algo.

—⁓—

En el otoño de 1961, George W. Bush siguió los pasos de su padre y entró a la querida escuela de educación media superior Phillips Academy en Andover. Con una tradición que se extiende hasta los años de la lucha de independencia de Estados Unidos, la escuela presumía de ex alumnos tan diversos como Oliver Wendell Holmes y Humphrey Bogart.

Un artículo de la revista *Time* de 1962 describía a Andover como la mejor escuela preparatoria en la nación, pero también expresaba ciertas preocupaciones. Algunos pensaban que la escuela tenía demasiadas actividades, que era demasiado académica y demasiado enfocada en colocar a sus graduados en la *Ivy League* (Nt: es la liga integrada por ocho universidades principales de Estados Unidos como Yale y Harvard, entre otras). Entre los críticos se encontraba el ex presidente del departamento de inglés Emory Basford: "El espíritu del hombre es dejado a un lado en esta escuela. Estos muchachos admiran los asuntos de administración. Incluso cuando recolectan ropa para los pobres, se lleva a cabo como parte de un estudio de organización. A un muchacho le gusta darse su tiempo, ver los insectos y los pájaros. Aquí tiene que apresurarse porque no tiene tiempo para eso. Este se ha convertido en un lugar extraño, pasmoso y aniquilante". Como para apoyar el punto, el director de una escuela más pequeña envió a uno de sus muchachos a pasar una semana en Andover. El joven vivió en el dormitorio, asistió a clase y jugó ajedrez; "Y nadie se dio cuenta de que estaba allí".[1]

George W. Bush utilizó dos palabras para describir el lugar: "Húmedo" y "Oscuro".[2] El estilo de vida militar, el código de vestir formal y los servicios de capilla obligatorios cinco días a la semana casi eran más de lo que podía soportar. Fue, como dijo más tarde: "Una dura transición". La verdad es que estaba solitario. Cuando el tiempo le permitió hacer amigos, se estableció. Sus dos apodos en Andover revelan bastante de él en esa época. Sus amigos lo llamaban "Labio", por su insolencia y "Tweed" porque inició una liga de *stickball* [Nt: deporte semejante al béisbol que utiliza un palo en lugar de bate y una bola de hule] y la gobernaba como el famoso rufián Boss Tweed de Tammany Hall en Nueva York un siglo antes. Cuando no pudo entrar en los equipos deportivos de la escuela, se volvió porrista. El anuario de Andover de la época incluye una fotografía con la acotación: "Bush y su banda". Era un tema para su vida: el texano gregario, bien parecido, de comentarios ingeniosos, nunca el mejor estudiante o atleta, pero siempre el corazón lleno de energía de la multitud.

Cuando se concentró en su trabajo escolar, encontró un problema que posiblemente lo había llevado consigo toda su vida. Se le pidió que escribiera acerca de una emoción personal fuerte, y él escogió su pesar por la muerte de su hermana Robin. Decidió que la palabra *lágrimas* era poco sofisticada para Andover, por lo que utilizó un diccionario de sinónimos que su madre le había dado y escogió como substituto la palabra *laceraciones*. Obviamente, había escogido el sentido incorrecto de la palabra *lágrimas*. El maestro devolvió el trabajo con un cero y las palabras: "Vergonzoso. Véame inmediatamente". Bush se volvió a sus amigos y dijo: "¿Cómo voy a durar una semana?".[3]

La historia toca un tema que Gail Sheehy ha desarrollado en un artículo para la revista *Vanity Fair*. Sheehy sugiere la posibilidad de que George W. es disléxico y cita a un especialista en dislexia hablando sobre el incidente en Andover: "Sugiere que realmente no entendía el idioma". Que no pudo "distinguir entre la palabra *lágrimas* que significa rasgar y *lágrimas* que significa llorar". El experto continuó y dijo: "Bush probablemente es disléxico, aunque quizá nunca se lo hayan diagnosticado".[4]

La conclusión de Sheehy podría explicar muchas cosas.
La dislexia no es un asunto de inteligencia, pero está presente en algunas líneas familiares y lleva a la confusión lingüística por la que Bush sería conocido toda su vida. Sheehy cita
a un experto en el diagnóstico de la dislexia: "Los disléxicos
escuchan adecuadamente pero parecen ser incapaces de pro-
cesar rápidamente todos los sonidos en la palabra. Así que
cuando quieren recordar una palabra que han escuchado, algunas veces omiten sonidos, los cambian de orden o incluso
los sustituyen por otros. Son muy comunicativos. Pero una
persona con trastornos de lenguajes no es un orador particularmente estructurado".[5]

Bush se volvería famoso justamente por este tipo de confusión lingüística; cuando la revista Harper lo llamó "Dubya
como segunda lengua". *Armas [nucleares] tácticas* es con-
densado en "Armas nuclácticas", *asombroso* se vuelve "into-
xicante", y *esposas* se vuelve "mancuernillas".[6] Al hablar de
John McCain, Bush una vez le dijo a un grupo de reporteros:
"El senador [...] no puede abarcar ambos sentidos. No puede tomar el caballo hacia arriba y reclamar el camino hacia
abajo".[7]

Los disléxicos que operan en público tienden a vencer sus
fallas verbales al convertirse en actores, lo cual significa que
enfatizan el conectarse con la audiencia en formas no verbales y con breves, libretos memorizados que hacen que bajen
las probabilidades de decir una anfibología. Tienen una personalidad agradable, estudian rápidamente a la gente y a menudo dominan el lenguaje corporal y las ocurrencias que
atraen a la gente. La descripción de Sheehy de la forma en la
que Bush se desenvuelve en una habitación es típica: "Viola
la distancia social normal y se acerca directamente a diez o
doce centímetros de la boca o los ojos del extraño, y se bebe
su rostro. Parece estar memorizando señales visuales; mode-
lando a la persona en su mente de la misma forma en que lo
haría un escultor. Si esta es su manera de compensar un ca-
nal verbal no confiable, funciona, y para un político funciona
particularmente de manera maravillosa".[8]

Que Bush pueda ser disléxico hace que sus luchas y sus éxitos académicos sean todavía más significativos.[9] En esto no es distinto de su héroe Winston Churchill. En sus años escolares, Churchill siempre era el último de su clase, una gran vergüenza para sus padres. Hay evidencia de que Churchill también era disléxico: sus pobres habilidades para leer los primeros años de su vida, su necesidad de ensayar a conciencia cada discurso por el temor de perderse en sus pensamientos y su tiempo de atención señaladamente corto.

Más tarde en la vida, Churchill pensó que sabía lo que lo detenía: "Donde mi razón, mi imaginación o mi interés no estaban puestos, no podía aprender y no aprendía".[10] Posiblemente, para que el disléxico pueda aprender necesita que su imaginación sea estimulada. En el caso de Churchill, el estímulo vino a través de uno de sus primeros maestros de inglés y su propio programa autodidacto. Para Bush, el estímulo vino a través del legendario maestro de historia Tom Lyons.

Bush ha dicho varias veces que Tom Lyons fue, "probablemente, el maestro que más influyó en mí".[11] Bush fue impresionado tanto por el hombre como por su enseñanza. Lyons había sido un estudiante prometedor y un atleta en la universidad Brown. En 1954 los doctores descubrieron que tenía polio. Su carrera atlética finalizó cruelmente, obtuvo su título en historia y una maestría en docencia en Harvard antes de unirse al profesorado de la escuela Mount Hermon en el oeste de Massachusetts. Mantuvo vivo su amor por los deportes siendo entrenador. Toda su vida los jugadores recordaban la figura del entrenador Lyons balanceándose en sus muletas en las bandas del campo. En 1963, aceptó un puesto como maestro en Andover, atraído principalmente por los excelentes profesores de historia del lugar. Durante los siguientes treinta y tres años, se convertiría en uno de los héroes de la escuela, el tipo de maestro que hacía temblar a los estudiantes y que hacia que los graduados se sintieran orgullosos.

Lyons era un hombre de una constitución poderosa con cabello gris y una voz rica y profunda. Sus estudiantes recuerdan su intensidad y su pasión, y la manera en la que tomaba el aula por asalto. Un alumno recordó: "Se pone de pie y sacude esas largas muletas plateadas, y con ellas golpea el escritorio. Uno no se atrevía a dormirse. Y él lo sabía todo. Daba vueltas por todo el lugar, golpeando la mesa, golpeándonos a nosotros y haciéndonos pensar. Era la clase más emocionante que jamás haya tomado".[12]

La pasión de Lyons era la historia de Estados Unidos. Sus cursos eran una combinación de cátedras incendiarias, fuentes originales y discusiones orquestadas cuidadosamente. "usted hace una pregunta", recuerda Lyons con emoción, señalando las bancas de un salón de clases vacío, "este estudiante responde, luego este *otro* hace un comentario. *Este muchacho* desafía y este *otro muchacho* se une. Uno dice algo, luego *este muchacho* dice otra cosa y así vuelve a empezar. Eso necesita mucha preparación. Es mucho más fácil dar una cátedra o simplemente hacer preguntas socráticas".[13]

Como era hijo de un reportero del periódico *Boston Globe*, Lyons se preocupaba apasionadamente por el lado humano de la historia. Su filosofía para entender el pasado era una interacción de eventos, ideas y las personas que les dieron forma. Hablaba en términos de héroes pero entendía los movimientos masivos. Se especializó en la historia de la Suprema Corte de Justicia y el movimiento de los derechos civiles. A un estudiante que tenía lágrimas en los ojos le dijo: "No te preocupes, estoy tratando de presionarte. Tienes que entender el elemento humano. No quiero leer dos hojas llenas de estadísticas y asuntos burocráticos. Encuentra personas interesantes y trata de contar la historia a través de ellos".[14]

Lyons llegó a Andover durante el último año de George W. Entrenó al joven en fútbol americano y le enseñó la historia de Estados Unidos. Él recuerda a Bush como un "muchacho entusiasta", "un muchacho con espíritu de lucha", y con "todas las de ganar". "Entre los estudiantes de su época él se encontraba en el medio", recuerda Lyons, "pero los estudiantes del medio tenían las mismas notas en el examen SAT que los que habrían de ingresar a Harvard. Él no fue el estudiante que su padre fue, y nadie hubiera pensado que llegaría a ser presidente. Sin embargo, yo lo recordaría incluso si no hubiera llegado a ser presidente, por su espíritu de lucha".[15]

Lo romántico del pasado, así como Tom Lyons lo recreaba, tuvo un impacto profundo en George W. "Él me enseñó que la historia trae a la vida el pasado y sus lecciones". Bush escribió más tarde: "Y esas lecciones pueden a menudo predecir el futuro. La descripción de Tom Lyons de los eventos que moldearon la historia política de Estados Unidos capturó mi imaginación. No sólo era un gran maestro, sino que era un hombre inspirador".[16] Cuando Bush salió de Andover rumbo a Yale en 1964, la historia era tanto su inspiración como el título que buscaría.

Como había encontrado a Andover "frío, distante y difícil", George W. decidió hacer un mejor comienzo en Yale.[17] Memorizó los nombres de sus compañeros en el registro de estudiantes de Yale y rondó los terrenos de la escuela en búsqueda de amigos. Se unió a una fraternidad, salió adelante con sus estudios y cuando sus habilidades le fallaron en el equipo de béisbol durante el primer año, jugó *rugby* (futbol); —principalmente por las fiestas que daban después de cada partido. Lo pasó mejor en Yale que lo que había sido en Andover, pero todavía le faltaba propósito. Nada reveló esto mejor que su decisión de comprometerse con una joven.

Cathryn Wolfman era una conocida suya en Houston y fueron novios a larga distancia durante sus primeros años en Yale. Le propuso matrimonio en las vacaciones de invierno de su tercer año. Sus amigos estaban sorprendidos. Era extraño que un alumno de tercer año quisiera casarse cuando todavía le faltaba el último año de estudios. Además, nadie parecía ser más un seductor soltero sino Bush. Sin embargo, justo cuando sus amigos y su familia se estaban acostumbrando a la idea, el compromiso terminó. Los periódicos de Houston comenzaron a reportar que Bush había terminado con Wolfman porque era judía. Pero Wolfman era episcopal. El compromiso terminó por otras razones.

De acuerdo con Lacey Neuhaus, una amiga que conocía tanto a Bush como a Wolfman durante sus años en la universidad, el compromiso terminó porque Wolfman ya tenía claro el rumbo de su vida mientras que Bush todavía vagaba sin propósito e inestabilidad. "No creo que se hubiera dado cuenta todavía de qué era lo que le gustaba de sí mismo", dijo Neuhaus, "o lo que le gustaba de la vida, excepto el béisbol".[18] Cuando Bush visitó a Wolfman en Washington, fue obvio que ella tenía el propósito que a él le faltaba, y entonces la relación se disolvió poco después.

Esta falta de un fuego interno acompañó a Bush durante un tiempo. Quizá fue una de las razones por las que estaba tan inquieto por entrar a la sociedad secreta de Yale *Skull and Bones (Cráneo y huesos)*. Diseñada para "convertir a la prole ociosa de la clase gobernante en los líderes serios y responsables del lugar". *Skull and Bones* aceptaba a quince muchachos en su último año cada año con el fin de hacer de cada uno de ellos un "buen Hombre", los cuales eran conocidos como *"Bonies (huesitos)"* un juego de palabras que en francés significa *bueno*.[19] Supuestamente el club comenzó a raíz de una ruptura con la sociedad honorífica *Phi Beta Kappa* a causa de su carácter secreto. Los disidentes se reunían en una capilla adornada con cráneos y huesos cruzados, lo cual les daba tanto el nombre como su emblema. El que se reunieran en un edificio llamado *La Tumba* solo añadía suspenso a su mística.

Los mitos han rodeado la sociedad desde hace años, entre otras cosas como que marcan a sus miembros, que juran lealtad a un gobierno único mundial y que han estudiado secretamente la magia negra. Abundan las teorías de conspiración, y hay algunos sitios en la internet que declaran haber "denunciado" la participación de Bush. Sin embargo, como Helen Thorpe escribió para la revista *Texas Monthly*: "La verdad es más bien mundana: Es un club de quince estudiantes que se reúnen regularmente para conocerse más los unos a los otros".[20] Lo que *Skull and Bones* probablemente hizo por Bush, además de proveerle una red de respaldo de compañeros adinerados, fue exponerlo a otros *Bonies* de trasfondos inmensamente diferentes. Entre los compañeros de su época había hombres como Donald Extra, un judío ortodoxo y Muhammad Saleh, un árabe jordano.

La mención por parte de Bush de la sociedad en su libro, *A Charge to Keep (Una ordenanza que guardar)* no le ha ayudado. Bush escribe: "Durante mi último año en la universidad me uní a *Skull and Bones*, una sociedad secreta, tan secreta, que no puedo decir nada más".[21] Es difícil imaginar una frase mejor diseñada para levantar sospechas. Él debía haberlo sabido. Durante su campaña para vicepresidente, a su padre se le invitó a que renunciara a su membresía con la *Trilateral Comission* (comisión trilateral) cuando surgieron sospechas de que servía a la agenda política del *Council on Foreign Relations* (Consejo de Relaciones Exteriores) en búsqueda de un "nuevo orden mundial". George W. ya había contestado de manera satisfactoria docenas de preguntas acerca de esos asuntos en las campañas de él como candidato, así como en las de su padre. Podría haber manejado la cosa más sabiamente. Aun así, aunque el legado de *Skull and Bones* perseguiría a ambos Bush a lo largo de sus carreras, su red de respaldo les abriría puertas importantes.

—❦—

Cuando Bush se graduó de Yale en 1968, estaba ansioso por regresar a Texas. Se había cansado de los *esnobs* y la "arrogancia intelectual".[22] Extrañaba la calidez de su estado natal. Una experiencia típica que le molestó en Yale fue una conversación que tuvo con el capellán de la universidad, el activista liberal William Sloane Coffin. Tomó lugar justo después que su padre había sido derrotado en su candidatura al senado por Ralph Yarborough, el demócrata que fue reelegido. Los amigos habían visto al joven Bush llorando solo la noche en que su padre perdió. Poco después, George W. vio a Coffin en la universidad y se presentó. El capellán, cuya responsabilidad era consolar a los estudiantes y guiar su desarrollo espiritual respondió: "Sí, conozco a tu padre, y tu padre perdió frente a un mejor hombre".[23] Las palabras aguijonearon a Bush, y las recuerda hasta el día de hoy como una de las razones que apresuró su regreso a Texas: "Los texanos son más educados. No creo que un texano le haría eso a un hijo".[24] Serían recuerdos como este que harían que Bush evitara asistir a las reuniones de Yale durante décadas.

Al regreso a Houston, Bush siguió viviendo como un hombre sin propósito. Más tarde escribió de esos años: "Todavía no había escogido un sendero en la vida".[25] Eso no era toda la verdad. Sus años en Andover y Yale revelaron a un hombre capaz de una gran imaginación. Alguien con el don del liderazgo, quien claramente no estaba muy inspirado. No tenía un sentido de destino y parecía poco dispuesto a invertir en cualquier cosa que no pudiera mantener su atención. Y nada, excepto la historia en manos de Tom Lyons y la emoción del deporte lo había logrado hasta ese momento. Para decirlo de manera sencilla: estaba aburrido, no en el sentido de que no tenía nada que hacer, sino en el sentido de que no había encontrado nada que valiera la pena hacer.

Conducía alrededor de Houston en su auto "Triunfo", salía con mujeres hermosas (incluyendo la hija del diseñador Oleg Cassini) y aprendió a volar jets para la *Texas Air National Guard* (Guardia Nacional Aérea de Texas) en la cercana base aérea Ellington. Sin ánimo, trabajó en una variedad de empleos: en un pozo petrolero en alta mar, una firma agrofinanciera, un programa para jóvenes de escasos recursos. Queda registrado que en ninguno de ellos lo hizo bien o durante mucho tiempo. Sus energías estaban reservadas para las mujeres, las fiestas, los juegos violentos de voleibol acuático en los apartamentos Chateaux Dijon donde vivía.

Las especulaciones sobre la inmoralidad de Bush durante esta época han sido acaloradas. ¿El futuro presidente tomaba drogas? ¿Tenía relaciones sexuales? ¿Se emborrachaba? ¿Hablaba con lenguaje soez y maldiciones? ¿Veía pornografía? Las preguntas parecen ingenuas. Lo más probable es que lo hiciera todo. El misterio es que cualquiera se sorprenda.

Bush era en ese tiempo un joven adinerado, bien parecido, graduado de *Ivy League* durante la revolución moral del final de los sesenta y comienzos de los setenta. Tenía un hilo de cristianismo fluyendo por su vida, pero estaba muy lejos de ser una corriente que lo controlara. Vivía la vida mundana como era, y con el tiempo, la hallaría incompleta y cambiaría el rumbo de su vida. Se ha rehusado a dar detalles de sus "llamados días salvajes y exóticos", porque no va a "seguirles el juego" a los reporteros.[26] La verdad del asunto probablemente fue capturada mejor por Howard Fineman, quien en su artículo "Bush y Dios" dijo con ingenio: "Las historias de conversión a Jesús son más dramáticas si el pecador es un profesional. Bush era semiprofesional".[27]

El vergonzoso fin de este periodo está marcado por una confrontación perturbadora. Durante una visita a sus padres en Washington, George W. salió a beber con su hermano menor, Marvin, quien tenía sólo quince años. Cuando ambos regresaron a la casa de su padre, golpearon el basurero de un vecino. Su padre exigió una explicación, a lo cual el joven Bush intoxicado explotó: "¿Quieres que nos pongamos *mano a mano* aquí mismo?". Fue Jeb Bush el que rescató el momento, y probablemente a su hermano, al anunciar que W. secretamente había hecho una solicitud para entrar a la escuela de administración de Harvard. La familia estaba perpleja, y Bush padre dijo: "Deberías considerarlo, hijo". "No voy a entrar", respondió el joven desafiantemente, "sólo quería que supieras que podía entrar".[28]

La verdad es que George W. también había hecho la solicitud de entrar a la escuela de leyes de la universidad de Texas (UT), pero había sido rechazado. El rechazo no le cayó bien a su alma competitiva, pero sus amigos le dijeron que estaría mejor en otro lado. Muchos abogados recién graduados de la UT estaban encontrando dificultades para conseguir los empleos mejor remunerados. Pero Bush también había escuchado que el posgrado en administración requería analizar más que teorizar y técnicas literarias. Eso le venía perfectamente bien. Además, no tenía otro plan. "Realmente no estaba emocionado por ir", dijo, y añadió: "Creo que si hubiera analizado toda mi vida [...] no tenía ningún plan.[29] Todavía iba a la deriva, pero era mejor ir a la deriva en Harvard que en las fiestas en Houston.

Bush recuerda al conductor de taxi que lo llevó a Harvard y le dijo: "Bueno pues aquí está, en el West Point [Nt: la academia militar más importante de Estados Unidos] del capitalismo".[30] La realidad era que Harvard en esa época se estaba alejando cada vez más de West Point. Estos eran los años del Watergate, y el consenso en la universidad era que Richard Nixon, el hombre que le había dado al padre de George W. sus últimos dos empleos, se tenía que retirar. Bush recuerda haber escuchado oradores como Muhammad Ali, John Kenneth Galbraith y Dick Gregory, quienes les dijeron a su audiencia en la ceremonia de graduación que los jóvenes blancos eran los "nuevos negros de Estados Unidos".[31]

Aunque Bush fue un estudiante más serio de lo que había sido en Yale, aun así encontró tiempo para mantener su reputación como rey de la camaradería. Se reunió con viejos amigos de Andover y Yale quienes también estuvieron en Harvard y encontraron el único lugar en Boston en el que alguien podía escuchar un disco de Goerge Jones: un bar llamado *Hillbilly Ranch*. Bush se ponía su chaqueta de piloto, ponía su lata de tabaco para mascar marca *Skoal* en el bolsillo apropiado y se lanzaba a engullir lo más cercano a una *Lone Star Longneck* [Nt: cerveza texana] que pudiera encontrar.

Bush recuerda que Harvard "me dio las herramientas y el vocabulario del mundo de los negocios. Me enseñó los principios del capital, cómo se acumula, se arriesga, se gasta y se administra".[32] También le enseñó dónde estaba el dinero. Mientras él estaba estudiando en Harvard, la facultad de administración publicó un estudio que mostraba que los empleos mejor pagados se podían encontrar en la industria petrolera y en la industria de la investigación. Armado con esta información y sus recuerdos de Midland, decidió enfilarse de regreso a Texas donde estaba sucediendo otro boom petrolero. Justo después de la graduación, condujo su Cutlass 1970 virtualmente por la misma ruta que su padre había tomado en 1948, ambos buscando hacer fortuna del subsuelo rico en petróleo de West Texas.

—⁓—

Años más tarde dijo que estaba feliz de regresar a Midland porque estaba respondiendo "al llamado emprendedor que sentí en mi alma".[33] El dos veces egresado de universidades de la *Ivy League* comenzó en un empleo de cien dólares al día investigando registros judiciales. Era un buen ingreso, pero tenía sueños mayores. Utilizó sus contactos y un fideicomiso para adquirir concesiones por esfuerzos propios y pronto formó una compañía de explotación petrolera llamada *Arbusto Energy* (*arbusto* es la palabra en español para *Bush*). Pero cuando la compañía dragó varios pozos secos, sus amigos la llamaban "Arbusted" [quiere decir: (*are*) está (*busted*) quebrado].

La sabiduría popular decía: "Cría tu infierno en Odessa y tu familia en Midland". Bush pasó mucho tiempo en Odessa. Durante el día negociaba con los contactos y lealtades de negocios de su padre, y por la noche intercambiaba historias acompañado de güisqui y cerveza. En 1976, mientras estaba de vacaciones en la casa de la familia en Kennebunkport, Maine, fue detenido por un oficial de policía local después de una noche de juerga. Se le formularon cargos por conducir en estado de ebriedad y se le suspendió su licencia en Maine durante un mes.[34] No era su mejor hora. Su padre llamó para agradecerle a la policía por sus atenciones. Poco después todo el asunto estaba olvidado por todos los involucrados. La humillación y la bebida, sin embargo, permanecieron.[35]

En 1977, a Bush le presentaron a Laura Welch en una cita arreglada por Joe O'Neill, un amigo de la familia. George W. y Laura habían sido compañeros de clase en la escuela primaria Sam Houston e incluso habían sido en el Chateaux Dijon en Houston. Esta vez se encontraron como si fuera la primera vez y rápidamente se enamoraron. Tres meses después se casaron.

El hecho de que Laura fue una influencia civilizadora, si no una influencia que le hiciera sentar cabeza a George W., es algo cierto. Ella era una dama gentil de Texas, la lectora que él nunca fue, y la bibliotecaria metódica de una escuela pública que sabía poner orden en el caos. Los amigos llamaban al apartamento de Bush en Midland, el "basurero de desechos tóxicos". Posiblemente la mayor influencia de Laura en él fue atraerlo a su iglesia metodista.

Él encontró que le venía mejor, como explicó más tarde: "La Iglesia Episcopal es muy ritualista, y el servicio es algo repetitivo. Básicamente es el mismo servicio una y otra vez. Por supuesto con un sermón distinto. La Iglesia Metodista es de un tono más austero. No tenemos que arrodillarnos. Y estoy seguro de que hay cierto tipo de diferencia doctrinal pesada también, la cual no soy lo suficientemente sofisticado para explicársela".[36] Su cambio de iglesia era la manera típica en la que tomaba las decisiones: por la relación, de forma práctica, apartado de la introspección y explicadas por los términos más sencillos.

Aunque George W. y Laura pasaron su luna de miel en México, la broma familiar es que su extensión de la luna de miel fue una campaña electoral para diputado. A la edad de treinta y un años, Bush decidió postularse para el decimonoveno distrito contra un senador democrático llamado Kent Hance. Fue una campaña teñida por la inexperiencia. Bush filmó un comercial haciendo ejercicio por la mañana, actividad que los vaqueros y petroleros consideraron como "una cosa de muchachitos universitarios del Este". Permitió que Hance pintara como siniestras las contribuciones que estaba recibiendo de Nueva York e incluso que pintara su excelente educación como algo negativo. También le permitió a su oponente, en una jugada que se anticipaba a las tácticas de la aún no formada Derecha Religiosa, reclamar para sí el terreno moral más alto. Estas fueron lecciones que nunca olvidaría.

Las lecciones para Bush comenzaron cuando descubrió que los ciudadanos de su distrito estaban recibiendo una carta de Hance dirigiéndose a ellos como "Queridos Compañeros Cristianos". En la carta, Hance atacaba a Bush por un anuncio de su campaña que había salido en el periódico estudiantil de la escuela Texas Tech que prometía cerveza gratis en un

acto de campaña de Bush. Cinco días después, Bush perdió
frente a Hance en un 53 a 47 por ciento de las votaciones.

Bush dice que el anunció que prometía cerveza gratis salió
sin su conocimiento dos meses antes de que la carta de Hance fuera enviada. Sobre todo, Bush sabía que Hance era dueño de una propiedad sobre la cual estaba un bar en la ciudad
de Lubbock, un lugar popular entre los estudiantes llamado
Fat Dogs (Perros Gordos). La vicepresidenta del Partido Republicano en Lubbock, Ruth Schiermeyer, le rogó a Bush que
usara la información para contrarrestar los cargos de Hance.
Bush se negó: "Ruthie, Kent Hance no es una mala persona, y
yo no lo voy a destruir en su pueblo natal. Esto no está a discusión. Si lo destruyo para ganar, entonces no gané".[37] Aun
así, Hance siguió hablando de cómo el asunto sobre el alcohol
mostraba la diferencia en el trasfondo de los dos candidatos.
La táctica funcionó y arrastró muchos votos. Fue una ruda introducción en como la religión y la política podían mezclarse,
y Bush lo recordaría bien en los años por venir.

A pesar de su decepción por las elecciones, George W. regresó a su compañía que se encontraba en dificultades, siguió buscando inversionistas y siguió perforando en su mayoría pozos secos. Aunque su riqueza personal aumentó,
principalmente por sus inversiones y ganancias esporádicas
de Arbusto, su compañía nunca prosperó. Finalmente, cuando Bush se acercaba a los cuarenta, la tierra se abrió debajo
de sus pies. Midland se convirtió en el *Punto Cero* de uno de
los mayores desplomes financieros de la historia, culminan-
do en el colapso del banco First National Bank en 1983, con
más de doce mil millones de dólares en activos y mil doscien-
tos empleados.

—⁓—

Deberíamos congelarnos en este momento de la vida de
Bush, por su enorme significado. Él es, por un lado, el hijo de
un respetado líder nacional, el graduado de universidades muy
apreciadas, casi un millonario y el dueño de una compañía

petrolera. Durante este tiempo es un pilar en la iglesia metodista local, un marido fiel y un padre dedicado de dos gemelas.

Sin embargo, también es, en muchos sentidos, un fracaso. Incluso si uno ignorara por un momento su obvio problema con el alcohol, él es como su primo John Ellis ha dicho: "En el camino sin rumbo a los cuarenta".[38] Ellis cree que la crisis en la que estaba se debía a la comparación: "Se tiene que comprender realmente lo mucho que su padre era amado y respetado por tanta gente para entender lo que puede ser vivir a la sombra de un nombre el hijo de George Bush. Estos son los paralelismos en su vida: estuvo en Andover, estuvo en Yale, se fue a West Texas, se postuló como diputado, y en cada etapa de todo eso fue hallado falto. Pasar por cada etapa de la vida y ser hallado falto y saber que la gente te está encontrando falto, es una verdadera carga".

El peso podría haberlo aplastado. Hay hombres que han cometido suicidio por menos, arruinada su relación matrimonial y de sus hijos en sus intentos por autorescatarse. Pero poco después, algo cambiaría en Bush, y le daría la dirección de la que su vida carecía. En palabras de Ellis: "Se recuperó". Aunque no iba "hacia ningún lado a los cuarenta [...] a los cincuenta y dos, fue en propiedad de la nominación republicana a la presidencia. Es una media vuelta bastante increíble".[39]

Consejo espiritual: George W. y Laura Bush junto a
Billy y Franklin Graham en Jacksonville, Florida
el 5 de noviembre de 2000.

# CAPÍTULO CUATRO

## De hombres y semillas de mostaza

L os hombres llegan a la fe de muchas maneras. Algunos tienen una sola experiencia dramática que los llena de certeza. Algunos se aferran al Dios de sus padres desde la niñez y nunca se apartan. Otros viven a través de retorcidos ciclos de duda y fe hasta que la última triunfa. Incluso otros llegan a la fe a través de un proceso de años, capa por capa, como si el templo del corazón se estuviera preparando para el momento preciso. Así es como la fe le llegó a George W. Bush.

Para cuando Bush llegó a su cuadragésimo cumpleaños, ya había sido un asiduo asistente de iglesia. Fue bautizado en una iglesia episcopal en New Haven, entrenado durante una década en la Primera Iglesia Presbiteriana de Midland, y comenzó a sentir "impulsos de fe" en la iglesia episcopal St. Martin de Houston. Durante sus años en Andover, se requería que asistiera a una capilla de estilo congregacional cinco veces a la semana, lo cual significaba pasar durante esos tres años el mismo tiempo en la iglesia que lo que una persona normal lo haría en diez. Una vez que llegó a Yale, comenzó a tomar la religión en pequeñas dosis. Posiblemente necesitaba un descanso.

Su esposa Laura fue quien lo atrajo de nuevo y lo convirtió en metodista. Poco después de su matrimonio estaba enseñando en la escuela dominical de la Primera Iglesia Metodista en Midland, recolectando las ofrendas y presidiendo comités. Así había vivido casi toda su vida. Fuera que su corazón estuviera comprometido o no, había conocido desde la infancia que un hombre bueno se mantiene conectado a la fe, y que cumple con su deber en la casa de Dios. Así lo hizo. Un amigo señaló que si Bush hubiera dejado de ir a la iglesia a los cuarenta, todavía hubiera ido más veces a la iglesia que lo que la mayoría de las personas van en toda su vida.

Pero de nuevo, estaba aburrido. Y cuando estaba aburrido, bromeaba.

Laura lo llevó a un seminario de James Dobson con las esperanzas de verlo profundizar espiritualmente. Pero no funcionó. George W. se levantó de su asiento y se sentó cerca de un amigo. Los comentarios graciosos e ingeniosos comenzaron. "¿Qué tipo de pantalones usaban los levitas?", susurró.

En otra ocasión, un pastor preguntó: "¿Qué es un profeta?". Bush respondió: "Eso es cuando las entradas exceden a los gastos. Nadie ha visto algo así en años". En otra ocasión un maestro sorprendió a un George W. que estaba soñando despierto, al preguntarle: "¿Qué le sucedió al judío en su camino a Jericó?". Después de un breve silencio, respondió: "Le patearon el trasero".

Bush se deleitaba en ser el niño malo. Una vez hizo sonar la alarma de su reloj a la mitad de la exposición de un maestro de escuela dominical que frecuentemente se pasaba del tiempo. Las risas fueron difíciles de suprimir y el pobre maestro tuvo que enfrentarse a un coro de relojes sonando su alarma a la semana siguiente.[1] Era inmaduro, típico del hombre aburrido y sin compromiso.

Los eventos de 1984, sin embargo, conspiraron en su contra para hacerlo concentrarse. Los precios mundiales del crudo comenzaron a colapsarse, y la tendencia continuaría hasta que el precio del barril se precipitó debajo de los diez dólares por barril, cuando originalmente estaba a treinta y siete dólares. La vida en Midland cambió dramáticamente. Los grandes gastos se detuvieron de forma súbita, y el pueblo en el que uno de cada cuarenta y cinco ciudadanos era un millonario comenzó a ver suspensiones de actividades, bancarrota y miedo. La pequeña compañía de Bush perdió más de cuatrocientos mil dólares, y habría más descalabros por venir.

La economía no fue sino una fuerza que llevó a Bush a confrontarse consigo mismo. Tuvo una lista de fracasos y un sentir imparable de haberse quedado corto de su famoso nombre. Para colmo, no se había sacudido su mal principal: el vivir a la deriva, el aburrimiento que lo había atormentado toda su vida. No tenía un sentido de destino, por lo menos no del que viene del corazón. Podía celebrar, hacer negocios y amar a su familia, pero no tenía el fuego interior que hace a los hombres felices y grandes. Era un don nadie en casi cada sentido, y parecía saberlo, por lo que comenzó una búsqueda de respuestas.

La historia de la transformación espiritual de Bush se ha centrado normalmente en la caminata famosa que tuvo en la playa de Maine con Billy Graham. Bush ha dicho que Graham "plantó una semilla de mostaza en mi alma", pero si eso es así, sólo sucedió después de un año de profundos surcos hechos por otros.[2]

En 1984, los líderes espirituales de Midland estaban tratando de atender las almas de una comunidad atribulada. Como Bush escribió más tarde: "Midland estaba en dolor. Muchas personas estaban buscando consuelo y dirección".[3] Para traer la sanidad necesaria, las iglesias de la ciudad invitaron a la gente de la región a reunirse en el Chaparral Center la primera semana de abril para escuchar al famoso evangelista Arthur Blessitt. Comenzando en 1969, Blessitt había alcanzado renombre mundial cuando comenzó a cargar una cruz en largas caminatas al mismo tiempo que predicaba. Dijo tener intenciones de cargar la cruz alrededor del mundo, porque él creía que Jesús le había ordenado personalmente: "Carga la cruz a pie [...] identifica Mi mensaje en las autopistas y las orillas de los caminos donde está la gente".[4]

En 2002, Blessitt había cargado la cruz de casi cuatro metros (12 pies) por más de 62,429 kilómetros (38.800 millas) en 284 naciones. El libro de los récords mundiales de Guiness registra el esfuerzo de Blessitt como "La caminata más larga del mundo".[5] Durante sus viajes, el evangelista compartió el mensaje con personas comunes con las que se encontraba en las calles, así como con líderes mundiales como el papa Juan Pablo II, Muammar Qaddafi, Yasser Arafat y Boutros Boutros-Ghali, quien fuera secretario de las Naciones Unidas. En 1972, Billy Graham se unió a Blessitt en Irlanda, país destruido por la guerra, para caminar por las calles de Belfast y orar por la paz de la ciudad. El evangelista que carga la cruz parecía estar en todos lados y rápidamente comenzó a convertirse en uno de los líderes religiosos más conocidos del país.

Las reuniones de Blessitt en Midland, bajo el nombre de "Decisión '84", fueron anunciadas ampliamente en radio y televisión. Los carteles y volantes invitaban a los de Midland a asistir "con la sincera oración de que experimentemos la gracia del Señor Jesucristo y la comunión del Espíritu". Había un creciente sentir de emoción en la ciudad. Blessitt había hablado en 1982 en la Primera Iglesia Bautista de Midland, y su reputación por haber dejado vidas cambiadas en su visita ahora elevaba las expectativas.

Las reuniones comenzaron el primero de abril. Cada noche, Blessitt predicó a los miles que atestaban el Chaparral Center. Algunas veces se vio a sí mismo hablando con personas de todo tipo hasta altas horas de la madrugada: petroleros, estudiantes de educación media superior, incluso ministros desanimados. Durante el día, Blessitt cargaba la cruz alrededor de Midland, hablaba en las asambleas de las escuelas y hablaba con casi cualquier persona que quisiera hablar con él en la calle.

Algo especial parecía comenzar a suceder. Blessitt recuerda que había un "espíritu particularmente fuerte de renovación" en Midland. La gente estaba sorprendida de los cientos que se comprometieron a seguir a Jesús en las reuniones cada noche, y estaban todavía más sorprendidos cuando cincuenta personas respondieron a una invitación especial de comprometer sus vidas al ministerio a tiempo completo. Blessitt percibía la santidad de lo que estaba sucediendo. Les dijo a los organizadores de las reuniones que no recibiría dinero por hablar, que había "decidido no tomar un centavo" de la comunidad atribulada. Fue un paso sorprendente, extraño entre los evangelistas itinerantes. Algunos instaron fuertemente a Blessitt a que reconsiderara, pero se negó, y su determinación fue sólo un milagro más de lo que allí estaba sucediendo.[6]

El 3 de abril, varios días después de comenzadas las reuniones, Blessitt recibió una llamada de Jim Sale, un petrolero, miembro de la iglesia bautista y uno de los organizadores de la cruzada. Sale le dijo a Blessitt que había otro petrolero de la región que había escuchado el anuncio por la radio y que quería reunirse con él. Pero este no era un petrolero ordinario, le explicó Sale. Este era George W. Bush, el hijo del vicepresidente de los Estados Unidos. Blessitt estuvo de acuerdo en verlo, y los tres se reunieron en la cafetería del Holiday Inn de Midland.

Tanto Blessitt como Sale relatan el intercambio de palabras que siguió: Después de un breve saludo, Bush miró a Blessitt y le dijo:

—Arthur, no quise ir a las reuniones, pero quiero hablar con usted acerca de cómo conocer a Cristo y cómo seguirlo.

El evangelista reflexionó unos instantes y preguntó:

—¿Cómo es su relación con Jesús?

—No estoy seguro —respondió Bush.

—Déjeme preguntarle esto —siguió Blessitt—. ¿Si usted muriera en este momento, tiene la certeza de que se iría al cielo?

Bush titubeó.

—No —respondió.

El evangelista comenzó a explicarle lo que significaba seguir a Jesús. Citó un versículo tras otro haciendo comentarios mientras avanzaba, y aplicándolos a la vida de Bush. Después de que hubo bosquejado el mensaje cristiano dijo:

—El llamado de Jesús es que nos arrepintamos y creamos. La decisión es esta: ¿Preferiría vivir con Jesús en su vida o sin Él?

—Con Él —respondió Bush.

—Jesús lo cambia de adentro hacia fuera —continuó Blessitt—. El mundo trata de cambiarnos de afuera hacia adentro. Jesús no lo condena. Él quiere salvarlo y limpiar su corazón y cambiar sus deseos. Él quiere escribir su nombre en el libro de la vida y darle la bienvenida a su familia, ahora y para siempre.

Entonces Blessitt le pidió a Jim Sale que le contara como había cambiado su vida, creyendo que Bush se identificaría con el testimonio de su compañero petrolero.

Cuando Sale terminó, Blessitt dijo:

—Señor Bush, me gustaría orar con usted, y después guiarlo en una oración de compromiso y salvación. Usted puede volverse un seguidor de Jesús ahora.

Sin embargo, Bush tenía algunas preguntas y los dos hombres se tomaron el tiempo de contestar cada una de ellas hasta que él quedo satisfecho. Entonces el evangelista preguntó de nuevo:

—Quiero orar con usted ahora.

—Me gustaría mucho eso —dijo Bush.

Entonces Blessitt oró, y le pidió a Bush que repitiera cada frase después de él. El evangelista recuerda que la oración fue como sigue.

—⁂—

*Querido Dios, creo en ti, y te necesito en mi vida. Ten misericordia de mí pecador. Señor Jesús, quiero seguirte como mejor pueda hacerlo. Lávame de mis pecados y entra en mi vida como mi Salvador y Señor. Creo que tú viviste sin pecado, moriste en la cruz por mis pecados y resucitaste al tercer día, y que ahora has ascendido al Padre. Te amo, Señor; toma control de mi vida. Creo que tú has escuchado mi oración.*

*Le doy la bienvenida al Santo Espíritu de Dios para que me dirija en tu camino. Perdono a todos, y te pido que me llenes de tu Espíritu Santo y que me des amor por toda la gente. Guíame a atender por las necesidades de otros. Haz del cielo mi hogar, y escribe mi nombre en tu libro en el cielo. Acepto al Señor Jesucristo como mi Salvador y mi deseo es ser un verdadero creyente y seguidor de Jesús. Gracias, Dios, por escuchar mi oración. En el nombre de Jesús te lo pido.*[8]

—⁓—

Cuando la oración terminó, Bush estaba sonriendo, y Blessitt comenzó a "regocijarse". Fue un "momento asombroso y glorioso", recuerda el evangelista. Le leyó Lucas 15:10 a Bush: "Así os digo que hay gozo delante de los ángeles de Dios por un pecador que se arrepiente". Entonces Blessitt le dio a Bush un panfleto llamado *The New Life (La nueva vida)*, el cual explicaba como crecer como cristiano. Después de intercambiar cortesías, se despidieron y partieron. Durante los dos años siguientes, hablaron por teléfono varias veces, pero con el tiempo las largas temporadas de viaje de Blessitt alrededor del mundo hicieron que perdieran contacto.

Sale y Blessitt se mantuvieron en silencio acerca de la reunión durante diecisiete años, al acordar que no sería propio hablar públicamente acerca de los detalles de la vida espiritual de Bush. Pero cuando se publicó *A Charge to Keep* en el 2001, donde Bush habla tan fuertemente acerca de su fe, Blessitt decidió que el tiempo del secreto había pasado. Publicó su relato en su página de internet y ha hablado a menudo de su oración con Bush en sus sermones. Jim Sale, el único otro testigo ocular, confirma que "lo que sucedió, es exactamente como está registrado en el testimonio de Blessitt". De hecho, Sale añade que dados los diecisiete años que pasó Blessitt "sin decir una palabra, aquí hay verdadera humildad e integridad que testifica de la autenticidad del testimonio".[9]

El que Bush no haya hablado públicamente de esta reunión no es sorprendente. Para él fue uno de una serie de eventos que durante ese tiempo incrustó el mensaje que había conocido desde su niñez todavía más profundamente en su corazón. Lo más revelador es lo intensamente que Bush estaba buscando los asuntos del espíritu. Obviamente se sentía tan incómodo con las reuniones evangelizadoras que no podía permitirse asistir a una en Midland. Aun así fue tan conmovido por lo que le escuchó decir a Blessitt en la radio que buscó tener una reunión con el hombre y le preguntó cómo seguir a Jesús. Claramente, Bush estaba hambriento de algo que todavía necesitaba encontrar en su experiencia religiosa. Sin embargo, queda claro que la reunión con Blessitt no llevó la búsqueda de Bush a un final. Cuando Billy Graham le preguntó un año después si estaba bien con Dios, respondió: "No".[10]

Si Bush estaba hambriento, la conversión de su amigo Don Jones, el presidente del banco de crecimiento más acelerado de Midland lo iba a poner aún más hambriento. Bush conocía bien a Jones. Era parte del consejo de socios del banco de Jones, los dos bebían juntos a menudo, a Jones le gustaba bromear que había "sido criado como episcopal, y donde se reúnen cuatro episcopales, seguramente encontrarás un quinto", y asistían juntos a la Primera Iglesia Metodista. Para él como episcopal, la elección de una iglesia metodista era una manera de hacer concesiones a su esposa que era una bautista del sur.

Jones, al igual que sus amigos en ese tiempo, tenía una mala opinión sobre los cristianos "nacidos de nuevo". Pensaba en ellos como unos evangelistas de televisión exhibicionistas, que vestían joyas exageradas y trajes de comparsa. "Ciertamente que no quería ser uno de ellos", se ríe. Un sentir de necesidad moral y algunos de los sucesos espirituales en Midland en 1985 llevó a Jones a tomar una resolución de año nuevo: dejar de beber y comenzar a leer la Biblia. Fue estando en su casa el diez de enero que leyendo el Evangelio de Juan, llegó a las palabras: "El que no naciere de nuevo, no puede ver el reino de Dios". Inmediatamente, "un sentir abrumador de convicción y de necesidad de la gracia de Dios" vino sobre él. Lágrimas bajaron por su rostro por el aplastante sentir de su pecaminosidad. Oró y lloró, y volvió a orar. Por la noche, sintió paz, un sentir de que "la carga de sus pecados había sido levantada de su alma". Su esposa regresó a casa para encontrar un hombre diferente.[11]

Jones desarrolló un profundo amor por la Biblia. La leía "mañana, tarde y noche". Se involucró aún más en su iglesia, y en noviembre comenzó a asistir al grupo de estudio bíblico *Community Bible Study*, la rama en Midland de un movimiento de estudios bíblicos que había comenzado en Washington, D.C. Su transformación fue inmediatamente evidente para todos los que lo conocían, incluyendo a Bush. Jones daba su testimonio en donde quiera que tenía la oportunidad, y pronto muchas personas en Midland supieron que el prominente banquero había "nacido de nuevo". El que Jones fuera un respetado hombre de negocios y que tuviera una manera tan agradable de hablar acerca de su fe hizo que fuera fácil para hombres como George W. Bush identificarse con él.[12]

Bush y sus amigos estaban sorprendidos por la transformación de Jones que sucedió a la famosa caminata con Graham. En el verano de 1985, el clan Bush estaba de vacaciones en Kennebunkport, Maine. Graham se les unió durante un fin de semana y predicó en la pequeña iglesia St. Anne's, ubicada a la orilla del mar. Bush recuerda que "una noche mi papá le pidió a Billy que respondiera a las preguntas de un gran grupo de la familia que se había reunido para el fin de semana. Se sentó cerca del fuego y habló. Y lo que él dijo encendió una chispa de cambio en mi corazón. No recuerdo las palabras exactas. Era más el poder de su ejemplo. El Señor se reflejaba claramente en su carácter gentil y amoroso".[13]

Como Bush recordó en una entrevista con un reportero: "Fue una hermosa noche en Maine y Billy sólo se sentó allí y habló con nosotros, y le hicimos preguntas y le participamos nuestros pensamientos. Él y yo nos encontramos después, fue una visita religiosa muy personal —y comencé a leer la Biblia".[14] El encuentro más tarde, fue esa caminata que Bush y Graham tomaron en Walker's Point al día siguiente. Durante la conversación, Graham se volvió hacia Bush y dijo: ¿Estas bien con Dios?". "No", respondió Bush, "pero quiero estarlo".[15]

Su respuesta parecía rara al principio. Él había sido, en un sentido amplio, un cristiano toda su vida. Apenas el año anterior, había orado con Arthur Blessitt para convertirse en un discípulo más devoto. Sin embargo, con Graham se encontró a sí mismo incapaz de decir que estaba "bien con Dios". Posiblemente Bush se comparó con Don Jones y supo que no había experimentado el mismo grado de transformación. O quizá, el solo hecho de estar con Graham, produjo un desafío más profundo en su alma que el que había conocido.

Bush recuerda mucho más cómo se sintió al estar con Graham que lo que habló con él, lo cual es típico en Bush. "Yo sabía que estaba en la presencia de un gran hombre", escribió en *A Charge to Keep*. "Era como un imán; me sentí atraído a buscar algo diferente. Él no sermoneaba o regañaba; compartía calidez y preocupación. Billy Graham no te hacía sentir culpable; te hacía sentir amado".[16]

El fin de semana lo cambió. Todo debido a la culminación de una serie de eventos (la herencia de fe de la familia, los años de iglesias y capillas, la oración con Blessitt, el ejemplo de Jones) como a la gentil siembra en su alma por un amoroso hombre de Dios. "El reverendo Graham plantó una semilla de mostaza en mi alma", escribió Bush más tarde acerca de esos días, "una semilla que creció durante el siguiente año. Siempre había sido una persona religiosa, había asistido a la iglesia regularmente, incluso enseñé en la escuela dominical y serví como monaguillo. Pero ese fin de semana mi fe tomó un nuevo significado. Fue el comienzo de un nuevo caminar en el que volvería a entregar mi corazón a Jesucristo. Darme cuenta de que Dios envió a su Hijo para morir por un pecador como yo, fue algo que me hizo sentir humilde".[17] Seguramente le participó algo de su experiencia a su familia porque poco tiempo después alcanzó a escuchar a su madre, Bárbara, hablando con alguien por teléfono: "Te tengo noticias maravillosas", dijo ella. "George ha nacido de nuevo".[18]

—m—

Cuando regresó a Midland, tenía una nueva hambre por las Escrituras. Su amigo Don Evans le dio una Biblia devocional con lecturas diarias de ambos Testamentos, con Salmos y Proverbios organizado para cada día del año. "Mi interés en leer la Biblia se hizo cada vez más fuerte", recuerda, "y las palabras se volvieron más claras y con mayor significado".[19] También se unió al grupo de estudio bíblico *Community Bible Study* al que asistía Don Jones. El grupo había comenzado a reunirse el año anterior, alrededor del tiempo de las reuniones de Blessitt. En el tiempo en que Bush se unió, en otoño de 1985, casi ciento veinte miembros se reunían para estudiar los escritos de Lucas en el Nuevo Testamento.

Es posible que Bush no comprendiera el tamaño de la organización a la cual se había unido. El *Community Bible Study* (CBS) comenzó en 1975 con un grupo de mujeres que querían estudios bíblicos efectivos en la zona de la ciudad de Washington, D.C. El primer grupo comenzó en la Cuarta Iglesia presbiteriana de Bethesda, Maryland, con más de quinientas mujeres estudiando el Evangelio de Juan. La líder era Lee Cambell, quien había sido influenciada profundamente en su fe por el teólogo historiador cristiano Francis Schaeffer. El programa de estudio incluía un estudio sistemático, versículo por versículo de cada libro de la Biblia. Se requería que los alumnos trabajaran varias horas en él fuera de clase, respondiendo preguntas, meditando en los versículos e incluso transformando las palabras en oración.

El movimiento CBS comenzó a difundirse rápidamente. En cuatro años, había clases en diez estados y en Londres, Inglaterra. Con el tiempo, hubo diecinueve grupos solamente en la zona de la ciudad de Washington, D.C. Pero no solo fue su crecimiento lo que distinguió a CBS sin su influencia. Las primeras participantes incluían a la esposa de Jack Kemp, Joanne; la esposa de Jim Baker, Donna; Elizabeth Dole y otros jugadores clave en la "Revolución Reagan" de los ochenta. Aunque no era política ni denominacional, la CBS a menudo proveía el contenido bíblico que le faltaba a los programas educacionales de las iglesias locales.

El caso de Bush fue ciertamente este, ya que se encontró a sí mismo siendo desafiado a explorar la Escritura de una manera que nunca antes lo había hecho. Cada semana Don Jones llevaba en su auto a Bush al estudio bíblico y se maravillaba de su crecimiento. Bush todavía era bueno para hacer bromas. La salvación no incluía una lobotomía o un *bypass* de personalidad. Bush siempre iba a ser un travieso, pero no pasaría mucho tiempo para que los hombres a su alrededor notaran una diferencia. Las verdades que estaba aprendiendo y grabando en su corazón a través de la oración y la meditación claramente lo estaban cambiando. Tenía un nuevo peso, una nueva seriedad. George, el inmaduro, estaba siendo reemplazado por algún otro ser, todavía desconocido. Bruce Robertson, el líder del estudio bíblico, le comentó al diario *Washington Post* sobre los primeros cambios en Bush: "De pronto estábamos hablando seriamente acerca de nuestra vida espiritual, y recuerdo haber pensado: *Hombre, sí que has cambiado*".[20]

El grado de cambio en Bush durante ese tiempo hace que uno se pregunte, qué era, específicamente, lo que estaba aprendiendo. "Sólo la Biblia", de acuerdo con John Tanner, un hombre de negocios de Dallas quien comenzó a asistir a CBS para el mismo tiempo que Bush. "Estudiamos inductivamente todo el Evangelio de Lucas. Nos enfocamos en la vida y obra de Cristo en una forma tal que los dogmas y las doctrinas humanas se desvanecían mientras el puro poder de la historia cobraba vida. Básicamente, podíamos ser capaces de hacer a un lado siglos de ropaje religioso para ver a Jesús como éL es realmente".[21]

Bush vio a Jesús de una manera tan vívida que hizo que quisiera ser un mejor hombre. La teología cristiana enseña que mientras la salvación es instantánea, la santificación (el proceso de limpiar la manera de pensar y la conducta del creyente) toma tiempo. Para Bush, un hombre de hábitos y rutina, la renovación moral de su vida le presentaba un desafío.

"Fue como una larga lucha cuesta arriba para George", dijo Don Jones.[22] Tomaría años para que algunos hábitos se fueran. Su tendencia al lenguaje fuerte, por ejemplo, se resistía a morir. Si embargo, su famosa lucha con el alcohol terminó rápidamente, y eso dice mucho acerca del hombre en que se estaba convirtiendo.

—m—

Bush bromea que es tan tacaño que sólo dejó de tomar cuando vio la cuenta del bar. La verdad es que su brújula moral y su sentido de valores habían estado siendo reconfigurados por su fe cada vez más profunda. Supo de la decisión de Don Jones de dejar de beber y el bien que le había hecho en su vida. Aun así, emborracharse era el pecado, no el acto de beber alcohol, y no veía razón de dejarlo completamente.

El cambio en su manera de pensar vino justo después de su cuadragésimo cumpleaños. Los Bush se reunieron con sus amigos los O'Neill y los Evans para un viaje al hotel Broadmoor en Colorado Springs. Desde hace tiempo el Broadmoor ha sido el refugio de reyes y presidentes. Es una hermosa propiedad insertada en las montañas cerca del monte *Pikes Peak* con todo lo que un hombre necesita para descansar, divertirse y celebrar la vida. Una noche, Bush estaba celebrando como solía: bebiendo. Nunca había consumido alcohol para deslizarse a la somnolencia de la borrachera. Como muchos extrovertidos, bebía porque pensaba que lo hacía ser más él mismo: "La bebida [...] amplificaba aspectos de mi personalidad que probablemente no necesitan ser mayores de lo que ya son; me hacía más gracioso, más encantador (yo pensaba), más desinhibido. También, de acuerdo con mi esposa, algo aburrido y repetitivo. Lo que podía ser gracioso con moderación no era tan gracioso con la exageración".[23]

Años de experiencia le habían enseñado que correr podía ayudarlo a reestablecer su sistema. Después de beber esa noche en el Broadmoor, salió a correr al día siguiente asumiendo que el ejercicio tendría el mismo efecto de siempre. Pero no fue así. "Durante los catorce años anteriores, había corrido por lo menos cinco kilómetros cada tercer día. Esta vez fue diferente. Me sentí peor que lo normal, y a la mitad de la carrera, decidí que ya no bebería más. Regresé a la habitación y le dije a Laura que se había acabado".[24]

También le dijo a O'Neill, quien era un bebedor empedernido y hablaba abiertamente de ingresar a la clínica Betty Ford. O'Neill comprendía las razones sociales y de salud por las que era bueno dejar la bebida, pero sintió que Bush tenía algo más en mente también: "Se miró en el espejo y dijo: 'Algún día voy a avergonzar a mi padre. Y eso sería meter a mi padre en problemas'. Así que eso fue todo. Así de alta era su prioridad. Y nunca volvió a tomar".[25]

La decisión de dejar el alcohol era un cambio muy importante en la vida de Bush. Al principio revela que estaba comenzando a comprender acerca de su salud, su matrimonio y la reputación de su familia. Pero la capacidad de sostener su compromiso también revela el tipo de hombre que la fe lo estaba haciendo. Sea que lo haya dejado inicialmente porque se dio cuenta que era algo que no podía controlar, o para no avergonzar a su padre, el punto más importante es que encontró la disciplina para servir una causa mayor que él mismo. Hizo una jugada importante, que cambió su vida, basándose en algo que hasta el momento le había faltado a su vida: propósito.

Lo habían multado por conducir en estado de ebriedad y eso no lo detuvo. Su esposa le pidió que lo dejara, y no lo había hecho. Incluso había hecho el ridículo socialmente en más de una ocasión.[26] Eso tampoco había funcionado. Pero una vez que llegó a la fe, una vez que pudo creer que su vida se trataba acerca de que Jesús murió por él, encontró tanto el propósito como la disciplina para hacer algo que nada en su vida lo había inducido a hacer: sacrificar el placer en el altar por una causa mayor. Esta nueva disciplina, impulsada por un creciente sentido de propósito, estaba comenzando a hacerlo un hombre excepcional.

También es importante señalar la manera en que Bush dejó de beber. El *New York Times* dijo que lo hizo "de una manera característica: decisivamente, por un impulso y sin mucha introspección".[27] Esto cada vez más se convertiría en una característica, tanto de su vida personal como de su estilo de liderazgo. Una vez que recuperó su brújula moral y comprendió sus señales, la obedeció al hacer lo que consideraba "lo correcto". Él no creía en las tonterías psicológicas o en la introspección excesiva. Él creía en la acción. Él sólo necesitaba saber en qué dirección actuar. Una vez que su fe comenzó a señalarle el camino, la brecha entre el pensamiento y la acción se cerró.

Ciertamente, tenía defectos y a veces tomaría decisiones sin sabiduría. Aun así, Bush el que iba a la deriva, Bush el nómada, Bush el hombre sin propósito estaba saliendo de la escena. Con el tiempo (y tomaría pasos arduos al correr de los años) se convertiría en Bush, el hombre con una ordenanza que guardar. Sin embargo, nunca olvidaría lo que podría haber sido. Años más tarde, cuando hubo llegado a la presidencia, le pidió a algunos líderes religiosos que oraran por él diciendo: "Saben, yo tuve problemas con la bebida. En este momento debería estar en un bar en Texas, no en la Oficina Oval. Sólo hay una razón por la que estoy en la Oficina Oval y no en un bar. Encontré la fe. Encontré a Dios. Estoy aquí por el poder de la oración".[28]

Por amor al juego: El primer fanático de América tira su primer lanzamiento en el estadio de beisból de los Yankees de Nueva York el 30 de octubre de 2001.

# CAPÍTULO CINCO

## "Mi fe me libera"

C uando un hombre llega por primera vez a tener fe o cuando asciende a mayores alturas en la fe, necesita apartarse de su rutina por algún tiempo. Su alma anhela un lugar casi monástico donde pueda lavarse en el manantial fresco de sus nuevas creencias. Necesita tiempo: tiempo para llevar su mente al mismo ritmo de su corazón, tiempo para ver el mundo como por primera vez a la luz de su nueva experiencia. No es demasiado sorprendente que George W. Bush no haya vivido esa temporada de retiro tras su nuevo nacimiento de fe, lo cual explica mucho acerca de la clase de cristiano en el cual se convirtió en años posteriores.

En el verano de 1985 fue cuando Bush dio su famosa caminata con Billy Graham en una playa de Maine; para el otoño de ese año, escudriñaba la Biblia con los hombres del grupo de estudio bíblico *Community Bible Study*. Hubiéramos deseado años tranquilos para él en Midland, para que pudiera explorar su fe y profundizar en su relación con Dios, pero eso no sucedió.

En cuestión de meses se fraguaba el mayor negocio petrolero de su vida. Eso fue en 1986, año en que dejó de beber. Después, ese mismo año, su padre lo acercó a la campaña presidencial que dominaría su vida durante los siguientes dieciocho meses. Mientras aún resonaba la celebración de la toma de posesión de su padre, comenzó a tener una gran afición por los Rangers de Texas, y poco después comenzó a construir uno de los mejores estadios de béisbol. Apenas dos años más tarde, comenzó su campaña para convertirse en el siguiente gobernador de Texas.

Un guía espiritual sabio habría elegido una temporada más tranquila para él, pues, aunque Bush no era nuevo en el cristianismo, sí necesitaba tiempo para permitir que germinaran las semillas de mostaza que Graham había plantado. Sin permitirse tal lujo, creció en lo espiritual de una manera apresurada. Absorbía en vez de estudiar. Recibía de las vidas espirituales de quienes lo rodeaban, orientándose hacia verdades sencillas, experiencias e historias personales; lo cual le sirvió bien y trajo sus beneficios. Sus amigos han señalado que es atípicamente fácil de enseñar en cuestiones espirituales.

Pero este acercamiento al estilo del béisbol, de "pega y corre", también produjo una heterogeneidad en su vida espiritual. Fue discipulado de manera poco constante, lo cual era notorio. Podía ayudar a su padre a expresar una tierna fe cristiana por la mañana y por la tarde hablar a un reportero con un lenguaje que haría sonrojar a un marinero. Su madre dijo que ahora conocía la Biblia mejor que nadie en la familia; sin embargo, cuando el afamado líder espiritual James Robison se reunió con él durante ese tiempo, le dio la impresión que Bush era un fanático de los deportes que más que nada buscaba diversión. Transcurría el año de 1992, casi siete años después de la conversión de Bush.

Sin embargo, esos años no pueden ser considerados como faltos de importancia espiritual, son de relevancia extrema para entender de la manera en la cual la fe de Bush lo estaba cambiando e inspirando a conseguir logros. Durante esos años, su discernimiento desencadenó sus energías, confiriéndole una fuerza que infundió impulso al antiguo nómada, dirigiéndolo, dándole una intensa hambre por dejar huella.

En *A Charge to Keep (Una ordenanza que guardar)*, escribió: "Mi fe me libera. Me da libertad para colocar el problema del momento en la perspectiva adecuada, para tomar decisiones que podrían no gustar a los demás, para intentar hacer lo correcto aunque eso no sea popular, para disfrutar de la vida sin preocuparme por lo que venga después".[1] Comentarios sinceros como este ofrecen una reflexión contundente. Otro hombre podría haber dicho que su fe estableció límites saludables, que lo sacó del foso, que lo ayudó a amar o le mostró quién es su Creador. Bush llegó a la fe siendo un adulto, casi en su edad madura, y aparte de todo lo que su fe hizo por él, además le dio la libertad de ser quien realmente era. Su fe le dio la versión genuina de lo que buscaba cuando bebía. Pensaba que el alcohol lo convertía en un George W. Bush engrandecido, lo cual no era verdad; pero la fe lo convirtió en un George W. Bush libre de vivir con tanta libertad como su Dios le permitiera.

—⁓—

En una ocasión, un amigo de la familia Bush dijo que cuando George W. encontró la religión, Dios lo recompensó al librarlo de la industria del petróleo. Cierto o no, algunos creyeron ver la gracia de Dios extendiéndose a los negocios de Bush, en 1986.

La compañía, llamada Arbusto en un principio y a la cual después se hacía referencia como "Are-busted" [queriendo decir: "Está en quiebra"], se convirtió en objeto de tantas burlas, que Bush, finalmente, cambió su nombre a Bush Exploration Company (Compañía de Exploración Bush); operación que tampoco resultó bien, pues en 1983, se encontraba en el lugar 993 en cuanto a producción petrolera en Texas. Uno de los inversionistas dijo suspirando: "Fue desastroso, aunque no fue culpa de George. El buen

Señor simplemente no puso petróleo ahí".[2] Para el año de
1984, cuando el mundo del petróleo se hundió, la compañía
de Bush se había fusionado con otra llamada Spectrum 7, la
cual era propiedad de dos inversionistas de Cincinnati: William O. DeWitt Jr., egresado de Yale, y Mercer Reynolds. Este consorcio también tuvo resultados mediocres y en 1986 su
supervivencia era dudosa.

La compañía, con cede en Dallas, llamada Harken
Energy, inició sus esfuerzos para comprar Spectrum 7 posteriormente en ese mismo año. Como estrategia de negocios la compra era un riesgo; algunas personas en el interior de la compañía se preguntaban si Harken estaba más
interesada en el apellido Bush que en la compañía. Paul
Rea, geólogo de Spectrum 7 dijo al diario *Washington Post*:
"Sería de gran valor tenerlo en la compañía [...] tener ahí el
nombre de George. Lo han querido en su mesa directiva".[3]
Cuando la venta se hubo completado, Bush terminó con un
trato ventajoso: Harken lo contrató con un sueldo de
$120,000 dólares al año y le dio acciones con un valor de
$530,380 dólares.

Siempre quedarían dudas acerca de la asociación de Bush
con Harken. No mucho después de la compra de Spectrum 7 y
de la contratación de Bush, Harken ganó un contrato lucrativo
para realizar perforaciones petroleras en Bahrain, en el Golfo
Pérsico. Sin embargo, Harken carecía de experiencia en exploraciones en el extranjero y los observadores de la industria sos-
pechaban que las conexiones políticas de Bush habían hecho
posible el negocio. En 1990, Bush se deshizo de la mayor parte de sus acciones, por las cuales ganó $848,560 dólares tan
sólo dos meses antes de que Harken anunciara una pérdida de
más de $20 millones. Los investigadores de la Comisión del
Mercado de Valores Estadounidense (SEC, por sus siglas en
inglés) no encontraron ninguna falta. No obstante, el director
de SEC fue asistente del padre de George W. y los críticos, por
su parte, nunca olvidaron el asunto, quizá con razón.[4]

El trato con Harken liberó a Bush para responder al llamado a las armas hecho por su padre. Cuando los años de la

administración Reagan llegaban a su fin, comenzó la carrera por la Casa Blanca. El vicepresidente de Reagan tenía la intención de prolongar el legado de su jefe, y quería tener a su lado a sus hijos George W. y Jeb en la contienda. George W. se mudó junto con su familia a una casa en la avenida Massachussets, en Washington, y comenzó a trabajar.

Su padre le había dicho: "No necesitas un título, todos sabrán quién eres". Estaba en lo correcto: sabían quién era, pero no sabían lo que era. Se quedaban con las primeras impresiones, y muchos llegaron a la misma conclusión que obtuvo James Robison: una persona joven, aún no definida, que no había sido probada y que buscaba placer. En una ocasión, la asistente de Bush, Janet Mullins, comentó: "Cuando conocí a George W., en 1987, recuerdo haber pensado que podía ser de cualquiera de dos modos: en las palabras de Lee Artwater, un as o un zoquete".[5]

Él daba una extraña apariencia entre la élite de la capital. Los miembros del personal lo recuerdan sentado con las botas vaqueras sobre el escritorio, en su diminuta oficina reservada en la sede de la campaña de su padre, en la Decimoquinta Avenida. Habitualmente, llevaba un vaso de espuma de poliestireno en el cual escupía el jugo de la bola de tabaco para mascar, que llevaba en la boca y abultaba su mejilla. Con frecuencia, las reuniones de estrategia eran interrumpidas por el sonido de un chorro que tocaba el fondo de su escupidera improvisada.

Si bien George W. Bush llevó a la capital de la nación algo del estilo de Midland mezclado con la cultura del béisbol, también llevó la ética de su nueva fe. Durante la campaña de 1988, una atractiva y joven trabajadora hizo claro su interés por Bush y los demás miembros del personal comenzaron a hacer apuestas sobre si los dos terminarían teniendo un amorío. Bush confrontó a la mujer y la alejó sin ambigüedades. Posteriormente, un funcionario de alto rango en la campaña entró furiosamente en su oficina para quejarse airadamente de la humillación por la que había hecho pasar a la mujer.

—Está herida —arremetió el empleado—. En verdad la heriste.

—Bien, bien —respondió Bush con tranquilidad—. Soy un hombre casado, me alegra que haya recibido el mensaje.

Para asegurarse de que todos entendieran lo que quería decir, Bush viajaba por lo general con un asistente, a quien pedía que se quedara en su habitación del hotel hasta tarde en la noche, como medida preventiva en contra de los rumores que involucraran a otras mujeres; se negaba a estar lejos de su esposa e hijos por más de dos días consecutivos; y durante las campañas, exigía con frecuencia volar a casa tan sólo para pasar la noche y regresar al día siguiente. "Quería que todos supieran que nada estaba pasando". dijo el empleado.[6]

No era una actuación. Una tarde, Bush se encontraba en un avión con un senador y un diputado que bebían whisky y soda mientras hablaban de cómo hacían para evitar que los periodistas y sus esposas supieran acerca de sus novias; mientras más bebían, celebraban con más ánimo sus hazañas. Bush escuchó por algún tiempo, riendo donde podía, y después dijo: "Soy un hombre afortunado por tener a Laura". El diputado y el senador guardaron silencio. Bush continuó jovialmente: "Brindemos por Laura". Así que los tres levantaron sus vasos (el hijo del vicepresidente aficionado a la Biblia y los dos hombres adúlteros) para brindar por la bibliotecaria metodista proveniente de Texas.[7]

Los empleados pronto aprendieron a respetar al hijo del candidato y a valorar lo que "junior" trajo a la campaña. Sería el "medidor de la lealtad", el hombre que se aseguraría de que las tropas se mantuvieran fieles. Se le llamaba el "jugador duro", el encargado de mantener la disciplina; y sus famosos regaños al personal y a los reporteros se conocieron como "busca pleitos". Él era una fuerza moral en la campaña, y quizás fue por ello que subordinar al brillante pero inestable estratega político Lee Atwater, se convirtió en su labor. Su asociación brindaría una educación necesaria a ambos hombres.

—m—

Cuando George W. conoció a Atwater en David Camp, a finales de 1986, prescindió de las cordialidades de costumbre y preguntó: "¿Cómo sabemos que podemos confiar en ti?". Jeb Bush lo expresó de forma aún más directa: "Lo que quiere decir es que si alguien le lanza una granada a nuestro padre, esperamos que saltes sobre ella". El hecho de que Atwater tuviera socios de negocios que trabajaban en otras campañas levantó sus sospechas. "Me hacía sentir muy nervioso", recuerda Bush. Atwater, siendo frívolo como de costumbre, respondió retando a Bush, diciendo: "Si te preocupa tanto mi lealtad, ¿por qué no vienes a Washington y me ayudas con la campaña? Así, si hay un problema, estarás ahí para resolverlo".[8]

Bush estuvo de acuerdo, pero no pasó mucho tiempo antes de que Atwater comenzara a comportarse indebidamente. En el número de diciembre de la revista *Esquire*, apareció un artículo titulado "Why is Lee Atwater So Hungry?" (¿Por qué está tan hambriento Lee Atwater?) El fragmento retrataba a Atwater en todo su burdo esplendor: maldecía, hablaba sobre los placeres de las casas de masajes, daba entrevistas mientras usaba el sanitario y revelaba secretos. El personal de la campaña estaba furioso cuando se publicó la historia, pero nadie lo estaba más que Bárbara Bush, quien llamó a su hijo y le exigió que obtuviera una disculpa por parte del descarriado estratega.[8] George W. arremetió contra Atwater, diciendo: "No puedes comportarte de este modo, estás representando a un gran hombre".[10] En cuestión de días, Bárbara recibió una carta de disculpas; con eso, comenzó la doma de Lee Atwater.

Sin embargo, lo que Atwater no tenía de gracia social se compensaba con conocimiento político. Él entendía que George Bush, padre debía dejar su estilo indeciso (al cual la prensa ya llamaba el factor "endeble" o "debilucho") para poder asumir el puesto dejado por Ronald Reagan y para luchar como el viejo guerrero que Atwater sabía que era. Creía que Bush podía ser un gran hombre, que sólo había que darle la presentación adecuada.

Atwater era el hombre indicado para hacer que fuera posible. Era el tipo de presentador de campaña que ponía nerviosos a los puristas. Su eslogan era: "Hazte el tonto y no dejes de moverte". Sabía cómo construir alianzas, cómo estructurar un asunto de acuerdo a los grupos a quienes interesaba y cómo levantar fondos; también sabía cómo mantenerse alejado de las zonas turbias, es decir, cómo evitar que el candidato entrara en controversias y en complejidades. Pero, más que nada, sabía cómo jugar rudo; algo que Bush, el aristocrático, necesitaba hacer con desesperación. George W. observó, aprendió, hizo contrapeso cuando fue necesario, y lo recordó todo.

Además de adherirse a Atwater, George W. también sirvió a su padre al manejar el aspecto religioso de la campaña, tanto por la movilización que hizo de ellos Ronald Reagan, como por el hecho de la candidatura de Pat Robertson. En las elecciones de 1988, los cristianos conservadores eran una fuerza que debía considerarse como nunca antes. Se les llamaba la Derecha Religiosa y llevaban décadas emergiendo como un flujo conjunto de corrientes usualmente paralelas: evangélicos, miembros políticamente conservadores de las denominaciones principales, católicos socialmente conscientes, carismáticos y pentecostales; incitados a actuar por Robertson y con una nueva voz gracias al surgimiento de las televisoras religiosas.

Los cristianos conservadores entraron a escena con un nuevo lenguaje apegado a nuevos objetivos. Hablaban de "nacer de nuevo" y sobre lo que percibían como el problema del humanismo secular. Señalaban que la frase "separación de la iglesia y el estado" no aparecía en ninguna parte de la constitución estadounidense, pero sí en la soviética, por lo cual querían saber por qué esa supuesta aplicación incorrecta significaba que no podían orar en sus escuelas ni colocar los Diez Mandamientos en las sedes legislativas de sus estados ni apoyar a candidatos en sus sermones. Creían que la Corte Suprema consentía el asesinato con la resolución que tomó en 1973 para el caso de Roe contra Wade, legalizando el aborto; y que, además, promovía el ateísmo, al negar a los estudiantes el derecho de leer la Biblia en los campus escolares. Querían que se enseñara el creacionismo al mismo tiempo que la evolución en las escuelas públicas, que hubiera libros de texto que apoyaran los orígenes religiosos de la nación, en vez de simplemente aceptarlos, y que la educación sexual se dejara como responsabilidad de los padres.

Más aún, querían que su presidente fuera un hombre de Dios. Jimmy Carter había hablado acerca de nacer de nuevo, pero decepcionó a la mayoría de los evangélicos. Y aunque al menos puso de moda la fe en la oficina presidencial, Ronald Reagan fue el verdadero héroe, pues hablaba del destino divino, de los derechos de quienes aún no han nacido y de la influencia de la Biblia sobre su vida. Sin embargo, a pesar de sus ocho años en el cargo, la administración Reagan no realizó muchos progresos en aquellas cuestiones religiosas que preocupaban a los conservadores. Ellos querían a un hombre que usara la presidencia como un púlpito intimidatorio, que enfrentara a los liberales e hiciera que el país fuera seguro para la fe, una vez más.

No estaban seguros de que Bush (padre) fuera quien lo haría, pues su nueva fuerza política lo confundía. Era un creyente, pero no podía expresar su fe de manera efectiva; sonaba artificial, forzado y, peor aún, daba la apariencia de no estar seguro. Sin embargo, el candidato Bush tenía en George W. a un hombre que conocía su mente y hablaba el lenguaje de los demás. Un empleado que trabajaba en el aspecto evangélico de la campaña recuerda: "Su padre no se sentía cómodo lidiando con personas religiosas, pero George sabía exactamente qué hacer".[11] Lo sabía porque era una de ellas. Había recibido instrucción en el lenguaje y pensamiento de los conservadores religiosos en el programa de estudio bíblico del *Community Bible Study* y a través de su relación con otros políticos convertidos.

El hombre que apoyaba a George W. para ganar a la Derecha Religiosa fue Doug Wead, antiguo evangelista de las Asambleas de Dios, amigo de Jim y Tammy Faye Bakker y uno de los personajes principales en el mundo conservador de Amway. La influencia política de Wead provino principalmente de la industria editorial. En 1980, escribió un libro corto sobre Ronald Reagan como un hombre de fe, cuyo lanzamiento se programó para la Convención Nacional del Partido Republicano, el cual ayudó a ganar el voto religioso. Posteriormente, trabajó con el artista *"nacido de nuevo"* Pat Boone, y fue coautor de un libro con el secretario del interior James Watt. También se le conocía en los círculos religiosos por haber aparecido docenas de veces en el programa de televisión llamado el *Show de Bakker*. Wead dijo al Washington Post que cuando conoció al joven Bush, supo de inmediato que "no tendría que escribir un memo de veinte páginas explicando lo que significaba 'nacer de nuevo'".[12]

Wead ayudó a Bush hijo a expresar el movimiento evangélico en una campaña que en gran parte no era evangélica. En un manual que tenía como título *The Vice President and the Evangelicals: A Strategy (El vicepresidente y los evangélicos: una estrategia)* Wead identificó a Robertson como el hombre a quien había que vencer ante los ojos de los evangélicos y describió la manera de pensar del movimiento evangélico, así como lo que buscaba en un presidente. Su trabajo le valió el título de "Enlace de coaliciones". George W. estaba tan impresionado que le dijo: "Eres mío, te reportas conmigo".[13]

Con la estrategia clara, comenzó el verdadero trabajo. George W. voló por todo el país, a menudo con Wead a su lado, hablando a los líderes religiosos en un lenguaje que entendían. Oraba con ellos, expresaba la fe de su padre y les daba seguridades. Para hacer que el mensaje llegara a su objetivo, Wead escribió *Man of Integrity (Hombre de integridad)*, que era, en esencia, una biografía de campaña envuelta en un atuendo religioso, diseñada para alcanzar a los votantes religiosos. Compuesto de la recopilación de una serie de entrevistas, el libro trataba en gran medida de la ocasión en la cual el avión del candidato fue derribado durante la Segunda Guerra Mundial, de su fe y moral personales así como de su amistad con líderes religiosos. La obra era todo lo que la Derecha Religiosa quería escuchar y cuando el libro apareció en la convención de la Asociación de Libreros Cristianos (CBA en inglés), en 1988, encontró un público simpatizante.

No obstante, la batalla estaba lejos de ser ganada y las frustraciones continuaban aumentando. Los fieles no acudían en masa a Bush y muchos preferían el cristianismo más familiar de Pat Robertson. En un momento determinado, un George W. molesto, afirmó en un mitin: "Hay más que un hombre temeroso de Dios en la contienda por la presidencia de los Estados Unidos". Para empeorar la situación, circulaban rumores de que el candidato había estado involucrado en una aventura amorosa. Las revistas *Newsweek, U.S. News* y *World Report* se encargaron de la historia, y al poco tiempo, la campaña de Bush se encontraba realizando un recuento de los daños. A la usanza antigua, algunos de la campaña aconsejaron no responder, pero Atwater sabía lo que debía hacerse, y le dijo a George W. que, de no hacer algo, tendría que descartar a los evangélicos.

El "dúo dinámico", como ahora los llamaban algunos en la campaña, entró en acción de inmediato. Mientras que Atwater concertaba un almuerzo confidencial con Howard Fineman, del *Newsweek*, George W. confrontó a su padre para solucionar la situación de una vez por todas. El candidato Bush negó firmemente la acusación, George W. le creyó y cuando se reunió con Fineman, dijo: "La respuesta a la gran pregunta es NO",[14] la cual es el tipo de declaración que circula con rapidez en Washington, y los rumores desaparecieron pronto.

Mientras que George W. se ganaba a la Derecha Religiosa para su padre, Laura Bush sabía que algo más estaba ocurriendo. Trabajar en la campaña significaba una nueva clase de relación entre George W. y su padre; como ella lo dijo, fue "una oportunidad de ser un adulto con un padre adulto. Como lo hizo George, en 1988, al trabajar con su padre [...] si quedaba algún tipo de remanente de competencia por el hecho de ser el hijo mayor y por tener el mismo nombre, en verdad, en ese momento se resolvió".[15] Si esto es cierto, era una

liberación importante para él, pues no podría cumplir su creciente deseo de propósito si se encontraba ensombrecido por
el fantasma de los logros de su padre. Quizá pretendía más
que lo que supieron los demás asistentes a la Convención Nacional del Partido Republicano cuando anunció que los 111
votos de Texas serían para el "hijo favorito del estado y el mejor padre del mundo".[16]

El tiempo privado de oración que tuvo la familia el día
posterior a la victoria de su padre sobre Michael Dukakis fue
igualmente tierno. La familia Bush se reunió en la Iglesia
Episcopal St. Martin, a la cual asistían en Houston. George
W. dirigió a la familia en oración y simplemente pidió: "Muchos de nosotros comenzaremos un nuevo reto. Por favor,
danos la fuerza para resistir y el conocimiento necesario para colocar a los demás por encima de nosotros [...] por favor
guíanos y guárdanos en nuestra travesía; en especial cuida de
mi padre y de mi madre".[17]

Cuando la administración Bush tomó la Casa Blanca, muchos esperaban que George W. permaneciera en Washington
para disfrutar del botín. En efecto, ayudó con el personal de
la nueva administración, y de vez en cuando su padre lo llamaba para manejar situaciones particularmente difíciles. Por
ejemplo: el despido de John Sununu y el recuento de daños
en torno al vicepresidente Dan Quayle, quien siempre se encontró en dificultades. Pero lo que muchas personas no sabían era que un mes antes de la elección, George W. había escuchado de uno de sus antiguos inversionistas en Spectrum
7 que el equipo de béisbol de los Rangers de Texas estaba a
la venta. Sólo aquellos que lo conocían mejor podrían haber
imaginado lo que eso significaba para él.

—∿—

Quienes no aman al béisbol, quizá tengan dificultad para
entender el poder que el "pasatiempo nacional" estadounidense tiene sobre el corazón de George W. Bush, lo cual no es
sorprendente. Si para las personas el juego no es sinónimo de

todo lo bueno que ha habido en su vida y si no se ha convertido en el tutor de las lecciones más apreciadas, entonces no pueden esperar reverenciarlo como Bush lo hace. Quizás es posible entender el amor que tiene por el juego, sencillamente, al seguir el rastro del papel que ha jugado en la vida de George. O imaginar cómo cualquier cosa que se haya incrustado tan profundamente en su historia puede convertirse en casi una religión para él. Debido a que el béisbol es definitivamente tan importante como su vida en Midland, se requiere seguirle el rastro para conocer quién es George W.

*Antecedentes a considerar*: La abuela de George W., Dorothy, era una mujer de Dios, apasionada y competitiva, que tuvo un profundo impacto en él. Leía la Biblia en voz alta todas las mañanas, y exigía tanto de sus hijos, que en una ocasión reprendió a su segundo hijo por sus malos modales (a pesar de que era el presidente de los Estados Unidos en ese entonces). Cuando estaba embarazada de este mismo hijo, sus contracciones comenzaron durante un juego de béisbol familiar, pero no dejó de jugar, tomó su turno al bate, hizo un home-run y corrió (sí, corrió) todas las bases y sólo estuvo dispuesta a ir al hospital cuando pisó el plato de la carrera. El año era 1922 y en ese entonces, las mujeres no eran conocidas por hacer carreras.

*Antecedentes a considerar*: Muchos de los modelos masculinos de George W. estaban conectados al béisbol de alguna manera. Su abuelo, Prescott Bush, figuró en el equipo de la universidad de Yale, al igual que su padre, quien jugó en el equipo ganador del Campeonato Nacional de la NCAA en dos ocasiones; su tío abuelo, Buck, era uno de los dueños de los Mets de Nueva York; y de niño, conoció a hombres como Casey Stengel y Rogers Hornsby, mientras que la mayoría de los niños tan sólo los idolatraban de lejos.

*Antecedentes a considerar*: Mientras crecía en Midland, ideó un plan para tener la mejor colección de tarjetas de béisbol en la ciudad, las cuales son, después de todo, el combustible esencial para los sueños de béisbol de un niño. Envió cartas a docenas de jugadores famosos pidiéndoles que firmaran su tarjeta (la cual les proporcionaba) y se la enviaran a vuelta de correo. Consiguió tarjetas autografiadas de Mickey Mantle, Willie Mays y otros grandes del juego. En la actualidad, su colección vale miles de dólares, pero el derecho de presumirla y los sueños valen mucho más.

*Antecedentes a considerar*: Cuando era adolescente vio cómo se construía el Astrodome de Houston, lo cual debió haberlo dejado pasmado. Los ingenieros decían que el diseño no estaba basado en una buena arquitectura y que el edificio se derrumbaría. El juez Roy Hofheinz, el irritable dueño de la franquicia, no hizo caso a los detractores y lo construyó de todos modos. Con esto, no sólo dio al mundo una catedral gloriosa para el deporte sino también la mayor extensión cubierta que se había visto, desde la catedral de Santa Sofía en Constantinopla, construida en el siglo sexto (una nueva octava maravilla del mundo). Imagine la emoción que tanta inventiva y atrevimiento en nombre del deporte causaron en un joven de diecisiete años.

*Antecedentes a considerar*: George W. jugó béisbol casi cada año de su juventud, pero nunca fue lo suficientemente bueno; nunca, tan buen jugador como su padre; nunca, como para jugar en un equipo universitario; jamás una estrella. Amar un juego y tan sólo ser regularmente bueno, tras haber rendido culto a los héroes del mismo la vida entera, deja —si la persona se niega con amargura a abandonarlo— con una reverencia por el juego que se acerca a la adoración.

Bush y el béisbol están entrelazados, es casi imposible conocer su fe, su política o sus amores sin conocer su juego. Por ejemplo, en la política, es un tradicionalista que cree que lo mejor del pasado debe traerse al servicio del futuro; en béisbol, cree (lo dijo a los estudiantes durante una conferencia acerca de las lecciones más importantes de la vida) que "siempre se debe jugar fuera, sobre el césped, con bates de madera".[18] Esto es tan sólo broma, en parte.

El béisbol inspira a Bush. Cuando habla sobre el juego, se

eleva a su forma filosófica más profunda. Es su religión natural; o quizá, el juego terrenal que revela su mente más mística. Observe:

> El béisbol inspira a las musas. El béisbol no tiene límite, ni relojes; no estamos bajo ningún plazo, salvo tres "outs" por turno para batear. Al verdadero fanático del béisbol le fascinan los periodos aburridos del juego, pues permiten pensar y recordar, comparar el presente con el pasado. Al competidor que hay en mí también le encanta el reto del béisbol, un reto con el cual todos nos identificamos, pues el béisbol es un juego jugado por personas reales. Joe Garagiola, antiguo "catcher" y comentarista, dijo: "El béisbol te da toda oportunidad de ser grande, y después coloca en ti toda la presión para probar que no has obtenido todo lo que necesitas; nunca retira esa oportunidad (de ser grande), y nunca quita la presión".[19]

El columnista George Will escribió que "los filósofos griegos consideraron al deporte como una religión; como un compromiso moral cívico. El deporte es moralmente serio porque la nobleza de la humanidad radica en la amorosa contemplación de las cosas valiosas, tales como la belleza y la valentía. Al ser testigos de la gracia física, el alma llega a entender y a amar la belleza. Ver a la gente competir valiente y honestamente ayuda a emancipar al individuo, a educar su pasión".[20] Quizá, quienes no aman el béisbol puedan aceptar sencillamente que para quienes sí lo hacen, el significado del juego yace en este funcionamiento interno del juego. En efecto, es una emancipación, una contemplación ennoblecedora de la belleza; en un sentido, es una religión, una pasión por lo invisible. Esto también forma parte de la fe de George Bush.

—⁓—

De este modo, es más fácil imaginar por qué Bush se mudó nuevamente a Texas y trabajó incansablemente para conseguir un acuerdo cuando tuvo la oportunidad de ser copropietario de los Rangers. El precio que pedían era de $80 millones de dólares. El vendedor era su amigo de mucho tiempo, Eddie Chiles, quien para entonces tenía poco más de ochenta años y amaba a los Rangers a pesar de su récord humillante, por lo cual deseaba que el equipo llegara a buenas manos. Le dijo a Bush: "Me gustaría vendértelo, hijo, pero no tienes dinero".[21]

No tenía dinero, era verdad, y para hacer funcionar el trato, Bush debería atraer inversionistas. Convocó a un grupo de entre los acaudalados del país y reunió el dinero necesario, pero cuando se acercó al comisionado de béisbol Peter Ueberroth, se encontró con que él quería que la mitad de los inversionistas fueran texanos. No hubo problema, Bush se esforzó de nuevo y consiguió a las personas indicadas. Ueberroth consintió. Comprar el equipo costaría a Bush $600,000 dólares, lo cual representaba casi un tercio de su valor neto, y todo por "un equipo con una racha de veinticinco años de derrotas, con una asistencia decreciente y un estadio deficiente".[22] Bush amaba tanto el juego que pensó que era una ganga.

Los inversionistas decidieron que Bush debería encargarse de los negocios cotidianos del equipo, y pasó la mayor parte de 1989 aprendiendo cómo funcionaba el negocio. La verdad era que los Rangers se encontraban en aprietos: el estadio había sido diseñado para juego de ligas menores y el equipo parecía estar atrapado en el fracaso, su récord era abominable y algunos se preguntaban si los inversionistas conocían la situación cuando compraron la franquicia.

Sin embargo, había algunos puntos a favor. De hecho, los Rangers eran una de las franquicias con mayor fama en la historia moderna de las ligas mayores de béisbol; que venía desde el tiempo de los primeros días de los senadores de

Washington. El equipo había ostentado algunos directores deportivos como Ted Williams, Whitey Herzog, Billy Martin y Bobby Valentine. Había sido el escenario sobre el cual el lanzador Nolan Ryan, miembro del salón de la fama, había logrado algunas de sus hazañas más sobresalientes poner —incluyendo su tricentésima victoria, su quingentésima eliminación por "strike" y dos de sus siete inigualados sin "hit". Compitiendo cara a cara con rivales de división como los Atléticos de Oakland, los Marineros de Seattle y los Angelinos de Anaheim. El equipo de la liga americana también sostuvo enfrentamientos históricos con potencias perennes como los Yanquis de Nueva York, los Medias Rojas de Boston, los Tigres de Detroit y los Gemelos de Minnesota.

Bush colocó de inmediato su marca en la institución, distintivamente tejana. Mandó a rediseñar el logotipo del equipo, para que este recordara los antiguos día de gloria de la antigua república de Texas. Creó el imponente estadio "Ballparle" club, en Arlington (uno que no sólo refleja el espíritu de los grandes estadios de los años dorados ya pasados, sino que también utiliza elementos distintivos de la arquitectura popular tejana). En abril de 1994, cuando los fanáticos caminaron por primera vez bajo el pesado toldo color verde de acero, a lo largo de la arcada de ladrillos y sobre el vestíbulo abierto que dominaba el campo de césped natural, casi pudieron jurar que tanto Abner Doubleday como Sam Houston se habrían sentido en casa.

David Schwarz, el arquitecto que Bush eligió, ya se había hecho de una buena reputación por recobrar ese refinado legado de diseño que recordaba a los corrales en muchos otros proyectos importantes. Por ello, fue una elección notable, evidencia de que Bush hablaba en serio en lo referente a convertir a los Rangers no sólo en una gran franquicia, sino también en un verdadero icono cultural de Texas. Efectivamente, hasta los estacionamientos que rodeaban al estadio estaban consagrados con la herencia del estado de la estrella solitaria [nota del traductor: En los Estados Unidos se conoce al estado de Texas con el apelativo de "estado de la estrella solitaria", el cual hace referencia a la estrella (una sola) que aparece en su bandera]. Cada lote tiene el nombre de un héroe diferente proveniente de la época de la República de Texas, en las décadas de 1830 y 1840.

Cuando el parque abrió finalmente sus puertas en 1994, a nadie le gustó tanto como a él. En vez de mirar los juegos desde una suite privada, la cual era la práctica común de la mayoría de los dueños de equipos, Bush prefería sentarse con los demás asistentes. Dijo que quería ser visto "sentado en el asiento en el cual se sientan, comiendo las mismas palomitas de maíz y usando el mismo urinal".[23] Se situaba tras la banca de los Rangers (sección 109, primera fila) y comía maní, y comenzó a conocer por sus nombres a los espectadores bulliciosos, a los vendedores de salchichas y hasta a quienes recibían los boletos en la entrada. Los fanáticos hacían fila para recibir su autógrafo, de igual manera en que lo hacían por Nolan Ryan.

Bush sabía cómo comercializar; había un propósito detrás de este sueño de estadio. Logró que sus padres lanzaran la bola cuando, por tradición, los presidentes eran quienes lo hacían en Baltimore, e hizo circular fotografías de su padre usando una gorra de los Rangers. Los fanáticos lograrían perdonarlo por dejar que Sammy Sosa se marchara bajo su administración tan sólo porque cada año que había estado a cargo, la asistencia excedía los dos millones. Y con el tiempo, los Rangers ganarían en tres ocasiones dentro de su división.

Realmente, es difícil exagerar el significado que todo esto tuvo para Bush. Le dijo a un reportero que las personas siempre preguntaban: "¿Qué ha hecho el muchacho? Bien, ahora puedo decir que he hecho algo, aquí está".[24] No era cuestión de haber logrado algo, era cuestión de haber logrado esto en específico. Había construido un templo glorioso para una actividad humana que amaba. Había imaginado algo que ahora había hecho realidad; lo cual, además, mejoró vidas. Había contribuido al legado de un deporte que no pudo mejorar a través de jugarlo él mismo. Quizás él lo expresó mejor cuando un día caminaba tras un amigo suyo en el estadio, puso su barbilla sobre el hombro del compañero y, mirando sobre "la superficie verde que relucía bajo la bola de fuego del sol de Texas, susurró: 'Mi propio campo de sueños'".[25]

―⁂―

Cuando George W. consideró postularse para gobernador en 1990, llegó rápidamente a la conclusión de que no se había distinguido lo suficiente como para buscar un premio como ese. Dijo ante una reunión de abogados de Dallas: "Por ahora, quiero concentrarme en mi trabajo como socio director de los Rangers de Texas y, más importante aún, ser un buen padre y esposo".[26]

Sin embargo, para 1993, el panorama había cambiado. El nuevo estadio abriría al año siguiente, la recuperación de los Rangers ya había iniciado, Bush comenzaba a ser conocido en Texas como el copropietario y director del equipo y, tras la pérdida de la presidencia de su padre ante Bill Clinton en 1992, la sombra de la Casa Blanca ya no se encontraba sobre todo lo que hacía.

Su oponente en la carrera por el cargo de gobernador sería Ann Richards, la bulliciosa demócrata que había obtenido una inesperada victoria sobre el candidato republicano Clayton Williams cuatro años atrás. Richards se mofó del padre de George W. en la convención nacional del partido demócrata cuando dijo en un famoso discurso televisado en todo el país: "Pobre George, no puede evitarlo, nació con un pie de plata en la boca".[27] El comentario hirió; Bárbara Bush, que lo oyó en la televisión enfermó cuando lo escuchó. George W. sabía que contender con esta mujer mordaz sería una lucha amarga.

Sí, se sentía preparado, pero necesitaba convencer a su esposa, y ella tenía algunas dudas. Laura sabía que la derrota de su padre en las elecciones presidenciales había herido a la familia Bush y también sabía que su esposo vivía a la sombra del legado de su padre ninguna de las cuales eran buenas razones para lanzarse como candidato. George W. debía saber qué era lo indicado para Texas y para él, y hasta no estar segura de ello, no podría estar de acuerdo. Ella cuestionó, sondeó y en ocasiones sermoneó. Bush dijo: "Quería estar segura de que era algo que en verdad deseaba hacer, de que no era una insistencia provocada por las amistades ni que debía hacerlo para probarme a mí mismo, cara a cara con mi padre".[28] Cuando tuvo la seguridad que necesitaba, Laura Bush lo aceptó.

Bush y su nuevo asesor, Karl Rove, diseñaron con anticipación una estrategia que determinaría el tono de la campaña. Sabían que Richards era cáustica y que la molestaba el hecho de tener que competir con un oponente que no había sido probado. Esperaban que la candidatura de Bush hiciera salir el veneno, y así fue. Ella lo llamó "Shrub" (matorral) en vez de Bush (arbusto). Lo llamó el "joven príncipe", "el muchacho Bush" y bromeaba diciendo que le "hacía falta su Herbert", una referencia a los dos segundos nombres de su padre. En los últimos y acalorados momentos de la campaña, Richards llegó a estallar en rabia: "Trabajas como un perro, haces las cosas bien [...] y de pronto tienes a un patán en busca de un cargo público diciendo a todo el mundo que tu trabajo es una farsa".[29]

Al conocer la inestabilidad de Richards, Bush y Rove decidieron tomar la ruta opuesta. Como Bush dijo a Rove: "Nunca la atacaremos, porque sería una estupenda víctima, la trataremos con respeto y dignidad. Así es como vamos a ganar".[30] O como Bush lo expresó después: "La mataremos con amabilidad".[31] Por esta razón, Bush jamás recurrió a la difamación, jamás realizó ataques personales y nunca respondió de la misma manera a sus comentarios hirientes.

También planeaban ganar con objetivos claros. Sabían que, en parte, el ex presidente Bush no había logrado reelegirse por no tener una dirección clara, mientras que el estratega de Clinton mantuvo a su candidato centrado en un mensaje con la frase: "¡Es la economía, tonto!". George W. aprendió la lección, hizo campaña alrededor de un plan de cuatro puntos: regresar el control de la educación a los distritos escolares locales, endurecer las leyes para menores infractores,

crear disposiciones más estrictas para los receptores de ayuda social estatal y reformar las leyes que sancionaban los actos civiles ilícitos. Mantenía sencillo el mensaje y lo repetía
tanto como le era posible. Como Richards dijo a Larry King:
"Si le preguntabas a George: '¿Qué hora es?', él respondía:
'Debemos enseñar a leer a nuestros hijos'".[32] Si en algo estaba centrado Bush, era en su mensaje.

La religión también se convirtió en uno de los temas principales para la campaña. Aunque ambos candidatos eran metodistas, era claro que provenían de corrientes teológicas distintas. En su autobiografía de 1989, *Straight from the Heart
(Directo del corazón)*, Richards describió la iglesia metodista de Lakeview como "el centro de todos los sucesos religiosos y sociales".[33] Sin embargo, posteriormente Richards in-
gresó a la iglesia unitaria, una denominación que niega gran
parte de lo sobrenatural descrito en la Biblia y ve a Jesucristo tan sólo como una figura histórica importante.

Cuando comenzó a recibir tratamiento por alcoholismo
en el hospital St. Mary's en Minneapolis, Richards aprendió
"mucho sobre la espiritualidad y entendí mejor la necesidad
que tengo de estar en comunión con un poder superior, con
Dios. Me sentí aliviada con la idea de que hay un espíritu y
un poder mayor que yo, y que si cedo y trabajo con ese poder,
habrá momentos en mi vida en los cuales experimentaré verdadera serenidad".[34]

Las diferencias entre el metodismo evangélico de Bush y
el metodismo liberal de Richards, tuvieron un fuerte papel
en la prensa. Sin darse cuenta, Bush mantuvo las cuestiones
religiosas sobre la mesa cuando un reportero de Austin que
resultó ser judío le preguntó si creía que Jesús era el único
camino al cielo. Bush dijo, "sí". "Desde luego lo tomaron y lo
politizaron, ya sabe: 'Bush dice a los judíos: vayan al infierno'. Fue horrendo, hirió mis sentimientos".[35]

Ese fue un asunto con el cual aparentemente Bush había
estado luchando por algún tiempo. Un día entró en una discusión amigable con su madre respecto a lo mismo, y de
pronto ella levantó el teléfono y le hizo la pregunta a Billy

Graham, quien respondió: "Resulta que estoy de acuerdo con lo que George dice, pero quiero recordarles a ambos que nunca jueguen a ser Dios. Una cosa es tener una opinión personal, creerla y actuar de acuerdo a ella, y otra es condenar a los demás humanos, y eso es jugar a ser Dios".[36] Tras esta conversación, Bush fue más cauteloso.

La campaña fue dura y ya en septiembre las encuestas mostraban a Richards con 42.9% del voto y a Bush siguiéndola con 41%. Pocos habían esperado que Bush mejorara el estado en el cual se encontraba, pero el carácter que mostraba y su estrategia de "matar con amabilidad" estaban funcionando.

En una ocasión , mientras se encontraba en una cacería de palomas, le disparó por accidente a un chorlitejo, un ave cantora protegida. En lugar de encubrir su error, fue ante los medios y dijo: "Tengo una confesión que hacer: soy un asesino de chorlitejos". Después, ese mismo día, en una conferencia de prensa en Dallas, continuó haciendo mofa de sí mismo: "Gracias al Cielo que no era temporada de venados, pude haber matado una vaca".[37] Los texanos encontraron simpática esa habilidad de reírse de sí mismo; también tomaron nota de su valor la vez que habló después de la conocida oradora Bárbara Jordan en una presentación en una iglesia de negros, en Houston. La magnífica voz de Jordan llenó la iglesia mientras decía: "Estoy aquí porque apoyo a Ann Richards para gobernadora de Texas". Cuando fue su turno, Bush la honró como "el epítome de un soldado en cuanto a lo que es correcto", después sonrió y dijo: "simplemente sucede que estoy en desacuerdo con su elección de gobernador".[38] Hasta el pastor sonrió. Bush ganó la elección, 53 a 46 por ciento.

—⁓—

Los texanos aprendieron pronto que el estilo de liderazgo de su nuevo gobernador tenía matices de Reagan. Estableció la visión, definió la cultura, confeccionó al equipo, colocó los límites y se mantuvo alejado de los detalles. Era un estilo adecuado para su nuevo papel pues Texas necesitaba de su poder ejecutivo tanto como cualquier otro estado de la unión. Sin embargo, Bush tendría que lidiar con algunas de las cuestiones con mayor carga política y religiosa en toda la historia del estado. El asunto que acosaría la vida pública de Bush en los años siguientes sería la ejecución de la homicida convicta Karla Faye Tucker.

El 13 de junio de 1983, Karla Tucker y su novio Daniel Garrett, entraron al apartamento de Jerry Lynn Dean con el único plan de hacer un inventario para un futuro robo, no esperaban encontrar a Dean en casa. Bajo el influjo de las drogas, Tucker y Garrett comenzaron a golpear a Dean con un martillo y con un pico de casi un metro de largo. La novia de Dean, Deborah Thornton, se escondió bajo las sábanas mientras asesinaban a Dean, pero pronto fue descubierta y Tucker golpeó a la mujer con el pico hasta matarla. Posteriormente ella fanfarroneó con sus amigos de que experimentó una emoción sexual mientras asesinaba a Thornton. Durante el juicio, dijo a la corte que lo había disfrutado y que no sentía culpa.

A Tucker se le encontró culpable de homicidio y se le sentenció a muerte; su novio, Garrett, también fue sentenciado a muerte pero murió de una enfermedad del hígado en 1993. Era un hecho que el caso recibiría una amplia atención. De llevarse a cabo la sentencia, Tucker sería la primera mujer en ser ejecutada en Texas desde 1863, pero el caso dio un giro inesperado. En la cárcel, Karla Tucker se volvió cristiana y se casó con el capellán de la prisión. Decía ser una mujer cambiada y sus abogados alegaban que merecía clemencia.

El caso recibió la atención de todo el país. Los líderes religiosos comenzaron a pedir su liberación, conmovidos por la conversión de Tucker y su ministerio notablemente fructífero entre los prisioneros. De entre ellos sobresalía Pat Robertson cuya coalición cristiana comenzó a movilizar apoyo para Tucker en toda la nación. El gobernador Bush incluso recibió una carta del papa Juan Pablo II, instándole en contra de la pena de muerte. Cuando Tucker apareció en el programa Larry King Live y los estadounidenses vieron a una mujer devota y bienhablada defendiendo su caso con tranquilidad, Bush fue asediado con cartas y llamadas telefónicas. Sus propias hijas discutían en contra de la ejecución de Tucker a la mesa del comedor familiar.

Poco a poco, el conflicto sobre Karla Faye Tucker se tornó fiero. Los críticos acusaban a Bush de ser despiadado y de fallar a su propia fe cristiana. La revista *Talk* informó que cuando Tucker apareció en Larry King Live, Bush se había burlado de la mujer: "Por favor —gimoteó Bush con los labios fruncidos en desesperación fingida—, no me maten".[39] El personal de Bush lo negó firmemente; no obstante, el grupo de presión en contra de la pena de muerte llamó a Bush "el gobernador con más muertes en la historia de los Estados Unidos de América".[40] El hecho es que durante el periodo de Bush como gobernador se ejecutaron más de 150 penas de muerte bajo la ley de Texas, y no era difícil que algunos culparan de esas muertes al gobernador, supuestamente "sediento de sangre", cuyos enemigos ya habían comenzado a hablar de la destitución.

La crisis forzó a Bush a examinar tanto la ley como sus creencias. Sabía que muchos de sus críticos sencillamente estaban mal informados sobre la ley del estado: Dada la decisión unánime del consejo de apelaciones de proseguir con la ejecución, bajo la constitución de Texas, el gobernador no tenía autoridad para conmutar una sentencia de muerte. Tenía dos opciones: permitir la sentencia u otorgar una prórroga única de treinta días.

Bush también sabía que se le pedía actuar con base a la conversión religiosa de un prisionero. Tan sincera como Tucker pudiera ser, las conversiones en prisión eran muy comunes, y de actuar en este caso con base a su conversión al cristianismo, ¿cómo podría negarse a hacerlo después si un preso se convertía a otra religión y formulaba la misma petición? La convicción de Bush llegó a ser que esto último se encontraba más allá del alcance de la sabiduría humana y más allá del ámbito del derecho.

En una última declaración publica, dijo: "He buscado dirección a través de la oración, como han hecho muchos de los

conmovidos por este caso. He concluido que es mejor dejar a
una autoridad superior los juicios sobre el alma y el corazón
de un individuo sentenciado a muerte. Karla Faye Tucker ha
reconocido ser culpable de un crimen horrible, se le declaró
culpable y fue sentenciada por un jurado de iguales. El papel
del estado es hacer cumplir nuestras leyes y asegurarse de
que todos los individuos sean tratados con justicia bajo esas
leyes [...] por lo tanto, no otorgaré una prórroga de treinta
días. Que Dios bendiga a Karla Faye Tucker y que Dios bendiga a sus víctimas y a sus familias". Bush relata que el tiempo que duró ejecutar a Karla Faye Tucker "fueron los veinte
minutos más largos de mi gobierno".[41]

La crisis Tucker bien pudo haber sido la gota que derra-
maría el vaso para Bush. Kent Hance lo había tratado injus-
tamente en nombre de la religión, en su primera postulación
para el congreso. Había presenciado el uso de la religión en
intentos por dañar a su padre en la contienda presidencial de
1988. Ahora, se le había denigrado y llamado mal cristiano
porque se suponía que no conocía el corazón de una criminal
condenada ni reconocía que su conversión significaría alguna diferencia ante la ley. Habría sido fácil para Bush tomar
una postura estrictamente laica en ese momento, que no diera espacio para la religión en las políticas públicas; pero, sorprendentemente no lo hizo, y eligió tomar el otro camino.

—⁓—

Los demócratas habían hablado por décadas sobre la necesidad de aceptar voluntarios, en especial voluntarios religiosos, en la lucha contra los males sociales de la nación. Insistían en que no tenía sentido el no permitir que las organizaciones religiosas recibieran fondos federales cuando con
frecuencia eran más efectivas que el estado al tratar con algunos problemas. Más aún, discutían que era tonto interpretar
la Primera Enmienda como una prohibición para la influencia
religiosa en los servicios sociales. Se volvieron adeptos a citar
hechos poco conocidos de la historia estadounidense, por

ejemplo: que algunos de los padres fundadores de la nación habían establecido misiones para los indios y para la impresión de Biblias, que en algún momento los edificios federales de Washington, D.C. se usaron como iglesias. Mencionaba también el decreto Northwest, el cual creaba provisiones especiales para instituciones educativas diseñadas de forma específica para esparcir la religión cristiana. Aseguraban que se había llegado muy lejos en la separación de la iglesia con el estado para perjuicio de los pobres, de los analfabetas y de los drogadictos. Insistían en que era momento de cambiar.

Un tema repetido por Newt Gingrich y Bill Bennet fue el mismo desencadenamiento del voluntariado que había expresado el presidente George H. W. Bush con sus *"ten thounsand points of light" (diez mil puntos de luz).* George W. también había hecho sonar la trompeta cuando hizo un llamado para una sociedad comprometida a la responsabilidad individual y a la confianza en Dios, en vez de vivir con una dependencia ciega en el gobierno. Sin embargo, fue Marvin Olasky en su libro *The Tragedy of American Compassion (La tragedia de la compasión estadounidense),* quien dio a los conservadores un proyecto para una reforma genuina.

En el pasado, Olasky había sido marxista, pero se convirtió al cristianismo. Tras reconsiderar las opiniones sociales que externó en los años anteriores a ser profesor en la Universidad de Texas, Olasky llegó a las mismas conclusiones que algunos otros ya habían alcanzado: la guerra contra la pobreza sólo la había empeorado; el gobierno no es la única respuesta; en el pasado las organizaciones religiosas habían satisfecho las necesidades sociales y ya era tiempo de que esa fuerza positiva volviera a desatarse. Como editor de la revista *World,* y reconocido columnista en diferentes diarios, la voz de Olasky era cada vez más escuchada, aun antes de la publicación de *The Tragedy of American Compassion (La tragedia de la compasión estadounidense)* en 1992.

Bush conoció por primera vez a Olasky cuando leyó un artículo que escribió para el *Wall Street Journal* sobre una crisis en su propio estado. En 1995, el estado de Texas había comenzado a amenazar con multar y clausurar a una organización llamada "Teen Challenge" (Reto juvenil) si no se ajustaba a los requisitos de licencias para sus consejeros para el tratamiento de alcoholismo y drogadicción. "Teen Challenge" manejaba centros de tratamiento para drogadictos con consejeros que no eran profesionales con licencia pero que estaban sometidos a estrictas normas internas. A pesar de que la organización mostraba índices de éxito en el tratamiento que iban del 67 al 85 por ciento, mucho más que cualquier programa estatal, "Teen Challenge" se encontraba en peligro. "Los resultados y los efectos no son un asunto que nos interese", fue la famosa afirmación hecha por un funcionario de la Comisión de Texas para el Abuso de Alcohol y Drogas.[42]

El artículo de Olasky, el cual apareció en la edición del 15 de agosto del *Wall Street Journal*, describió una protesta frente al sitio histórico del Álamo llevada a cabo por personas egresadas de los programas de "Teen Challenge". Los letreros que portaban los participantes decían: "Gracias a Jesús ya no estoy en deuda con el estado de Texas", y: "Una vez fui una carga, ahora soy un contribuyente". Cuando Bush leyó el artículo se dio cuenta de que quienes protestaban clamaban por la fe y la responsabilidad personal por la cual él había hecho campaña y que había experimentado de manera personal. Desgraciadamente, ahora parecía que sus propios funcionarios estatales eran el obstáculo.

Poco tiempo después, Bush se reunió con Olasky y comenzó a investigar cómo efectuar los cambios necesarios. Con el tiempo, persuadiría a la legislatura de Texas para aprobar una ley que permitiera a las instituciones religiosas elegir si participaban o no de ciertos requisitos estatales necesarios par conseguir licencias. Y eso no fue todo lo que hizo. Posteriormente, Olasky describió el torbellino de reformas que Bush inició:

Expidió una orden ejecutiva que convertía a Texas en el primer estado que implantaba la opción de usar organizaciones benéficas privadas o religiosas para llevar a cabo servicios de asistencia social. Estableció igualdad de circunstancias para grupos religiosos y no religiosos para los contratos de servicio social en Texas, para las concesiones para administrar centros de abstinencia y para las iniciativas de combate a la pobreza. Hizo de Texas el primer estado en permitir que una prisión estatal fuera operada por un ministro. Estableció procedimientos alternos de licenciamiento para muchos programas con base religiosa. Creó un programa piloto que establecía hogares del grupo "Second Chance" (Segunda oportunidad) para madres solteras adolescentes, administradas por instituciones religiosas y otros grupos privados. Propuso y firmó una ley del buen samaritano, que ofrece protección de responsabilidades a los profesionales de la salud que donen atención caritativa a los texanos en necesidad. Recomendó y firmó una ley que exigía a las agencias gubernamentales desarrollar planes de colaboración de subsidio y de trabajo con grupos religiosos de tal manera que respetaran el carácter religioso único de dichas organizaciones.[43]

Aun los detractores se dieron cuenta en poco tiempo de que Bush en realidad estaba haciendo aquello de lo cual los conservadores habían hablado teóricamente por décadas. Su frase más memorable de este tiempo: "El gobierno puede hacer muy bien algunas cosas, pero no puede poner esperanza en nuestros corazones o un sentido de propósito en nuestras vidas", no sólo capturaba su manera de pensar sino el corazón mismo del movimiento conservador.[44] Cuando Ronald Reagan habló de quitar al gobierno de las espaldas de la gente, eso fue parte de lo que quiso decir; estas eran la clase de reformas que esperaba el vicepresidente de Reagan cuando habló de una nueva época de voluntarismo. Hasta los críticos de Bush admitían que se requería de algo de cooperación entre los servicios privados y estatales. El modelo de Texas no era la única opción, pero fue un avance –un avance valiente y creativo– llevado a cabo por un gobernador que tenía toda la razón de dudar que la religión y el gobierno pudieran algún día trabajar en conjunto de manera efectiva.

—◦◦◦—

Y ahora, debemos tomar nota del año. Es 1995. Once años antes, más o menos, George W. era un hombre en crisis en el negocio del petróleo que preguntaba a Arthur Blessit cómo seguir a Jesús. Desde entonces, ya salió de la industria petrolera, ayudó a su padre a convertirse en presidente de los Estados Unidos, compró una franquicia de béisbol, construyó un monumento para conmemorar la tradición del béisbol y el mercadeo, y se convirtió en el gobernador conservador con mentalidad reformista de un estado con una economía tan grande que, de ser un país, sería la onceava economía más grande del mundo.

En unos cuantos años escribirá un libro que contendrá las palabras "mi fe me libera", introducidas por la declaración: "No podría ser gobernador si no creyera en un plan divino que supera todos los planes humanos".[45] Sea cual sea lo demás que pudiera querer decir con esa afirmación, con seguridad pensará en su propia vida, pues no puede haber olvidado lo que hizo de ella en sus primeros cuarenta años; sin embargo, una vez que encontró la fe, se volvió un hombre libre (libre de su inferioridad, de las expectativas de los demás, de una vacuidad que lo perseguía). En tan sólo una década, ha pasado de ser un empresario petrolero fracasado a un hombre que hace historia. Para este momento, ya siente una inclinación, lo que él denominará un "llamado" para un papel que no habría podido imaginar con seriedad tan sólo diez años atrás. Y ahora, su fe lo libera para decir sí a ese llamado.

Seguridad humilde: El candidato presidencial ora con James y Betty Robison en la grabación del programa de televisión Life Today (Vida hoy) que se transmite diariamente en febrero de 1999.

# CAPÍTULO SEIS

## Para construir una casa de fe

El candidato dice que ha *"nacido de nuevo"*, dice que fue criado por padres cristianos para ser un creyente y que posteriormente lo hizo por decisión propia. Se bautizó junto con su esposa después de casarse desde entonces ambos han asistido regularmente a la iglesia y con sus hijos. Él afirma: "Reconozco libremente el papel de la fe en mi vida y su lugar central en mi sistema de creencias".[1]

La fe es esencial para una vida auténtica, sostiene, y es tiempo de que los no creyentes dejen de "hacer sentir menos a quienes creen en Dios". Él también cree que su país tiene un destino divino que cumplir: "[Los Estados Unidos] sirven de luz a este mundo en declinación perene, como creo que ha sido la intención de Dios".[2] Más aún, el candidato cree que la religión tiene un lugar legítimo en la política, dice: "Creo firmemente en la separación de iglesia y estado; no obstante, la libertad de religión no necesariamente significa ser libre de la religión".[3]

Por eso el candidato propone financiar a las organizaciones religiosas con dinero federal. Él explica: "Las organizaciones basadas en la fe han obrado milagros con muy pocos recursos durante mucho tiempo. Con las medidas que propongo el día de hoy, ya no necesitarán depender únicamente de la fe".[4]

El candidato no sólo propone apoyo federal para las instituciones religiosas, sino que también busca la participación de las empresas. "Llamo a las corporaciones de los Estados Unidos a fomentar e igualar las contribuciones a las organizaciones basadas en la fe y los valores."[5] De hecho, su postura es un pilar para su campaña. Y afirma: "Hoy les hago esta promesa. Si me eligen presidente, las voces de las organizaciones basadas en la fe tendrán un lugar integral en las políticas que se establezcan en mi administración".[6]

El candidato está decidido; cree que su postura es histórica, su fe lo mueve a actuar.

Y su nombre es Al Gore.

―――∽―――

La religión casi nunca salió del escenario principal durante la contienda para la presidencia del 2000. Bush fue valiente al decir que Jesús había salvado su vida. Gore quería que las personas supieran que siempre había sido bautista. Bush necesitaba que las personas supieran que ya no era el *"playboy"* que una vez fue. Gore quería distanciarse de los años moralmente discutibles de Clinton. Bush pretendía extender al nivel federal la misma bienvenida a las organizaciones religiosas que había dado en Texas. Gore decía que era un buen plan y que, de hecho, la idea había sido suya primero. El asunto de la fe era tan recurrente que un escritor bromeó: "Dios puede retirarse de la política después de esta elección".

El que Bush expresara tanto su sentido del llamado y su fe personal durante la campaña, enmascara el hecho de que no fue fácil tomar la decisión de entrar en la contienda. Se había hablado mucho acerca de que debería reivindicar la pérdida de la presidencia de su padre ante Clinton. La revista *Vanity Fair* llegó a citar a Bush, quien supuestamente dijo a un amigo que dudaba que pudiera vencer a Ann Richards: "No compito contra ella, compito contra el tipo de la Casa Blanca".[7] Sin embargo, los diversos relatos de la decisión de Bush de postularse revelan un proceso más lento y espiritual.

Su amigo Paul O'Neill está seguro de que la idea de contender para la presidencia nunca entró en la mente del Bush hasta que George Shultz lo "ungió". Shultz había sido secretario de estado en el gabinete de Ronald Reagan, y cuando conoció a Bush en California, poco después de su reelección en Texas, Shultz se volvió hacia él y le dijo: "Creo que deberías ser presidente. Hace veinticinco años Reagan se encontró en la misma posición y le dije lo mismo".[8] Shultz comenzó a decir a otros conservadores que este "joven" sería el siguiente Ronald Reagan.[9]

Bush recuerda que alrededor de esos años, se encontraba sentado en la iglesia metodista de Highland Park en Dallas, mientras el pastor, Mark Craig, predicaba sobre la renuncia de Moisés para dirigir al pueblo de Dios. Craig acababa de visitar el géiser llamado "Viejo Fiel" en el parque de Yellowstone, y notó que la gente aplaudía en cada ocasión que el géiser hacía erupción con la misma regularidad que ha mantenido por siglos. Aplaudían por la fidelidad, dijo el pastor en su sermón. Moisés intentó no ser fiel. Cuando Dios llamó a Moisés a liberar a su pueblo, él, en esencia, le respondió: "Lo siento Dios, estoy ocupado, tengo una familia y ovejas que cuidar; tengo una vida".[10] Sin embargo, llegó el momento en que Moisés cedió y liberó a una nación.

Bush recuerda que una vez que el pastor situó esta imagen bíblica, fue muy insistente en su mensaje. Craig dijo que las personas están "hambrientas de liderazgo, hambrientas de líderes con valentía ética y moral". El pastor continuó, y mientras lo hacía, Bush comenzó a sentir que más allá de las palabras del hombre, había un mensaje destinado a él. Sentía un "llamado" una sensación de que Dios lo dirigía a contender para presidente. La madre de Bush, Bárbara, se volvió hacia él al terminar el sermón como si supiera lo que él había sentido y le dijo: "Te hablaba a ti".[11] No mucho después, Bush llamó a James Robison y le dijo: "He escuchado el llamado, creo que Dios quiere que me postule para presidente".[12]

La relación entre Bush y Robison comenzó poco tiempo antes de que comenzaran a circular los rumores de que Bush podría ser el hombre que ocuparía la Casa Blanca. Los dos hombres se habían encontrado de vez en cuando durante la presidencia de Reagan y Bush. Robison no se había impresionado al principio, veía a George W. como un vividor, como un hombre obsesionado con los deportes que buscaba hacer dinero. No pudo haber quedado más asombrado cuando Bush se postuló para gobernador y después realizó una "labor encomiable".[13] También se sorprendió al darse cuenta de que se estaba convirtiendo en una posibilidad seria para una candidatura por la presidencia. Sabía que debía reunirse con este hombre, así que hizo arreglos para ver a Bush mientras viajaba por Austin con su esposa, Betty.

No sería la primera incursión de Robison en los corredores del poder político. Nacido producto de una violación y criado por su madre en la pobreza, Robison tenía el tipo de testimonio legendario en el cual había logrado tener éxito a pesar de la adversidad. Para la década de los 70, se estaba convirtiendo en uno de los evangelistas mejor conocidos de los Estados Unidos. Algunas personas hablaron de él como el heredero del papel de Billy Graham.

Además de su ministerio como predicador, Robison tenía un don para establecer contactos, para reunir personas que de otro modo jamás se habrían asociado, con el fin de orar y discutir los problemas de la nación. Era particularmente hábil para relacionar a la Derecha Religiosa con políticos conservadores y hasta tuvo un papel fundamental para alentar a Ronald Reagan a lanzarse como candidato para presidente en 1980. También había desafiado al ex presidente Bush y orado con él durante sus años en el cargo, un recuerdo que debió haber llegado a la mente del gobernador de Texas cuando se enteró de que Robison quería verlo.

El día en que el evangelista entró a la oficina de Bush, se sorprendió de también encontrar ahí al estratega político Karl Rove y se sorprendería aún más de lo que Bush estaba a punto de decir: "Mi vida ha cambiado. Tuve problemas con la bebida. No diré que era un alcohólico, pero afectó mis relaciones, aun con mis hijos; pudo haberme destruido, pero entregué mi vida a Cristo".[14]

Robison, que había escuchado los rumores de la conversión de Bush, se sorprendió por la sinceridad que sentía en él. Sin embargo, no estaba preparado para lo que escucharía después: "Siento que Dios quiere que me postule para presidente. No puedo explicarlo, pero siento que mi país me necesitará, algo ocurrirá, y en ese tiempo, mi país me necesitará. Sé que no será fácil para mí o para mi familia, pero Dios quiere que lo haga".[15]

Bush continuó: "De hecho, en realidad no quiero contender, mi padre fue presidente, lo cual afectó a toda mi familia, conozco el precio, sé lo que significará. Estaría perfectamente feliz con que alguien me señalara un día al estar comprando mi carnada en Wal-Mart para ir de pesca [nota del traductor: Wal-Mart es una cadena de supermercados] y dijera 'ese fue nuestro gobernador'. Eso es todo lo que quiero, y si me postulo para la presidencia, esa clase de vida habrá terminado, mi vida nunca volverá a ser la misma, pero siento que Dios quiere que lo haga, y debo hacerlo".[16]

También conversaron acerca del pasado de Bush y sobre lo que la campaña podría tener para él. Antes de irse, Robison le preguntó a Bush si estaría dispuesto a reunirse con los líderes religiosos "y atravesar todas las líneas raciales y denominacionales".[17]

Robison dijo: "Estoy hablando de hombres fuertes, de hombres que le hablarán de forma directa: ¿Permitirá que oren con usted y escuchará sus corazones?".[18]

Bush respondió: "Me gustaría mucho". Después se volvió hacia Rove y dijo: "Karl, hagamos esto".[19]

Robison se despidió con un apretón de manos. Temblaba mientras salía del Capitolio estatal. Entró a su auto, tomó la mano de su esposa y le dijo: "No tenía idea de que iba a escuchar lo que acabo de oír, siento que el destino del mundo ha sido tocado el día de hoy. Siento lo mismo que en aquella habitación del hotel en Atlanta".[20]

Betty Robison sabía que su esposo estaba recordando una conversación que tuvo años antes con Ronald Reagan. Tras un tiempo de oración, Robison miró a Reagan y le preguntó: "Gobernador, ¿Jesús es real para usted?". Con el asentimiento de su cabeza y la palabra inicial que sería tan familiar para él, Reagan dijo: "Bien, mi padre era alcohólico, mi madre fue la mayor influencia en mi vida y Jesús es más real para mí que mi madre". Al dejar a Reagan, Robison creyó haber terminado de hablar con el futuro presidente de los Estados Unidos, un hombre que mantendría la libertad. Lo mismo ocurría ahora tras su conversación con Bush.[21]

Robison, fiel a su palabra, comenzó a presentar a Bush con los líderes religiosos. Una reunión característica se llevó a cabo el 15 de abril de 1999. Bush llegó a la comunidad bíblica de Oak Cliff, dirigida por Tony Evans, un pastor negro conocido en todo el país, para reunirse con pastores de una amplia variedad de orígenes: pentecostales, bautistas sureños y carismáticos, entre otros. La reunión duró alrededor de noventa minutos, y para el momento que Bush había terminado de hablar y contestar preguntas, los pastores comenzaron a sentir que no era un político más que se decía religioso para ganar votos. Antes de concluida la reunión, los pastores se reunieron alrededor de Bush e impusieron manos sobre él. Mientras el personal de seguridad del gobernador miraba con nerviosismo, los pastores oraron para que Dios los bendijera a él y a su familia, que lo mantuviera humilde y que nunca saliera de la mano de Dios. Algunos notaron que había lágrimas en los ojos de Bush durante la oración.

En una reunión similar llevada a cabo en Austin, en la cual participaban tanto líderes de empresas como clérigos, Bush se encontró sentado junto al obispo Keith Butler, pastor del Centro Cristiano Internacional Word of Faith (Palabra de Fe), de 18,000 miembros, situado en Southfield, Michigan.

Durante el almuerzo, el obispo Butler se volvió hacia el candidato y le preguntó:

—Gobernador Bush, ¿ha *"nacido de nuevo"*?

Sin dudarlo, respondió:

—Sí.

—¿Cómo lo sabe? —insistió Butler.

Bush dijo haber actuado bajo la verdad bíblica de Romanos 10:9, y luego la citó, palabra por palabra: "Que si confesares con tu boca que Jesús es el Señor, y creyeres en tu corazón que Dios le levantó de los muertos, serás salvo".

—He cambiado en mi interior —reconoció ante Butler—. Mi vida se ha transformado, Jesús es mi Señor.

Las palabras impresionaron al obispo Butler, quien decidió apoyar a Bush para presidente tras esta clara afirmación de fe.[22]

Como la anterior, hubo otras reuniones; una de las más memorables tuvo lugar en la iglesia Fellowship de Ed Young Jr., en el área de Dallas. De nuevo, se reunió un grupo diverso, que iba desde el predicador de Mundo de Fe, Kenneth Copeland, hasta pastores bautistas y metodistas de las corrientes principales. Cuando el gobernador terminó de hablar, el grupo preguntó si podían imponer manos sobre él, y el pastor de San Antonio, David Walker, oró para que Dios colocara sobre Bush "la investidura de un vencedor". Después dijo: "Nadie ha afirmado que será el siguiente presidente, pero es obvio que el corazón de este hombre está atraído a las cosas de Dios".[23]

Muchos en la reunión sintieron lo mismo que sintió Robison. Como él lo diría posteriormente: "El gobernador Bush no quiere usar a Dios para ganar las elecciones, no desea que su campaña lleve un eslogan de Dios, quiere que Él lo use".[24]

No todos estaban convencidos. Desde el momento en el cual Bush entró en consideración para una candidatura presidencial, los analistas dudaban de que él y la Derecha Religiosa pudieran llegar a ser una buena combinación. John C. Green, profesor de la Universidad de Akron y experto en la Derecha Religiosa dentro de la política estadounidense, afirmó: "No creo que bajo ninguna circunstancia George W. Bush pudiera ser el candidato favorecido, es demasiado moderado para ellos. Podría ser su segunda elección, o tercera, cuarta o quinta, esa es la gran pregunta".[25]

La política de Bush, percibida como convencional, era más que una pregunta para algunos miembros de la Derecha Religiosa. James Dobson, de Enfoque a la Familia, reprendió a Bush públicamente por no apoyar una enmienda provida para la constitución. Por mucho tiempo Bush había creído que las leyes sobre el aborto no cambiarían hasta que primero se diera un cambio en la cultura. Para Dobson, eso parecía una actitud tibia y se lo hizo saber. Robison llamó a Dobson y le pidió que no intentara ser un "hombre fuerte" de la política y en cambio tratara de entender "lo que Dios podría estar haciendo" a través de Bush.[26] Dobson estuvo de acuerdo, y con el tiempo, eligió apoyar a Bush. No mucho después, Pat Robertson se sumó, diciendo que Bush era el candidato más elegible, quien llevaba la bandera de los asuntos por los cuales se interesaban los cristianos conservadores. Después de recibir este respaldo, Bush disfrutó de un fuerte apoyo por parte de la facción religiosa del partido republicano.

—‹⁊⁊›—

De esa manera inició la candidatura de George W. Bush para la presidencia de los Estados Unidos. Comenzarían las multitudes, los carteles, los apretones de mano y los discursos; también los autobuses, los aviones y el posar ante las cámaras; respondería preguntas, debatiría y sería famoso por destrozar el idioma inglés; hablaría en la universidad Bob Jones, una escuela cristiana que no permitía los noviazgos de parejas interraciales, y sus oponentes intentarían hacerlo parecer como racista, proselitista y fanático. El senador John McCain atacaría ferozmente a Bush por su visita a Bob Jones y después acusaría a los líderes de la Derecha Religiosa de ser "agentes de la intolerancia" y "fuerzas del mal".[27] Bush respondería a preguntas sobre su distante pasado, hasta el punto de apenas poder hacerlo con gracia.

Con frecuencia cometería errores. En una ocasión usaría un lenguaje grosero para describir a un periodista para después darse cuenta de que su micrófono estaba encendido y que toda la nación lo había escuchado. Como sólo había salido del país en tres ocasiones y no había puesto mucha atención a la política exterior, no pudo nombrar a los principales líderes del mundo cuando un reportero le pidió que lo hiciera. Las personas comenzaron a cuestionar su inteligencia, lo cual lo hizo enfadar. En ocasiones fue cortante. Le decía a la gente que no le interesaba si se volvía presidente o no y después les pedía su voto; naturalmente, estaban confundidos. Y justo antes del día de las elecciones, la nación se enteró de que había sido acusado de conducir en estado de ebriedad durante su juventud y que no lo había revelado durante la campaña. La prensa vio signos de Clinton en él.

Con todo, también hubo puntos a favor. Se defendió bien durante los grandes debates televisados (tan sólo porque Al Gore dio la impresión de pretenderse sabiondo); eligió a Dick Cheney como su segundo, como candidato a la vicepresidencia, quien dio a la campaña la seriedad necesaria en cuanto a la política exterior. Bush mejoró su manera de dar discursos, y dio el mejor de su vida en la Convención Nacional del Partido Republicano, donde contaba más. Aprendió a hablar desde su interior; aún comentaristas incisivos como Joe Klein dijeron: "Usó palabras como *amor* y *corazón* más que cualquier otro candidato a la presidencia que jamás haya visto".[28] Hacía lo que siempre había hecho: transformar, adaptar, mejorarse a sí mismo, dejar que el fracaso lo motivara y le enseñara.

Y después, cuando todo debió haber terminado, no acabó. Gore reconoció su victoria y después se retractó. Bush ganó y después se encontró con que no era así. Fue una situación tensa. Se hablaba de recontar votos, de la declaración oficial de victoria por parte de la secretaria de estado de Florida, Katherine Harris, y del país enterarse que tenía un colegio electoral. Después vinieron los tribunales y esa asombrosa tarde cuando Al Gore mostró tal gracia y habló con tanta poesía (algo que se ve muy rara vez en la política

estadounidense). Y George W. Bush se convirtió en el cuadragésimo tercer presidente de los Estados Unidos de Norteamérica.

—⁓—

¿Pero, por qué ganó Bush? No era el candidato con la mayor popularidad ni tenía la experiencia más amplia; de hecho, ganó con uno de los currículos más breves de cualquier
presidente en la historia de los Estados Unidos. Quizá "no
era precisamente una lumbrera", como lo sugirió un columnista, y cometió errores. Entonces, ¿cómo venció al dos veces
vicepresidente de un presidente relativamente popular?

Las encuestas de salida mostraron que Bush venció a Gore por quince puntos cuando los entrevistados casados con
hijos, y por diecisiete puntos cuando los encuestados asistían
semanalmente a la iglesia. Gore resultó diecinueve puntos
más alto entre las mujeres que trabajan fuera de casa, y vein-
tinueve entre quienes no asisten a la iglesia en lo absoluto. La
fe y la familia fueron factores importantes.[29]

No obstante, de acuerdo con las encuestas, el carácter
también fue una cuestión primordial. Cuando se les preguntó a los votantes cuál era lo más importante que habían considerado cuando decidieron por quién votar, un cuarto de
ellos respondió: "La honestidad". Ochenta por ciento de este
cuarto, votó por Bush.[30]

El redactor de discursos presidenciales, David Frum, explicó: "A la base de los votantes de Bush les agradaba su plan
de reducción de impuestos, lo apoyaban en la propuesta de
defensa con misiles, en las reformas al sistema de seguridad
social, en las organizaciones caritativas religiosas y hasta en
la educación (si bien con menos entusiasmo); pero lo que
más deseaban era algo mucho más sencillo: que no se pare-
ciera a Clinton".[31]

Bush entró en el escenario presidencial, cuando los Estados Unidos aún recordaban la nobleza de la era de Reagan y
Bush, pero habían pasado por ocho años del gobierno de

Clinton, en quien pensaban en los términos que el historiador Stephen Ambrose usó para referirse a Thomas Jefferson: "Una gran mente con un carácter limitado".[32] Querían un cambio, habían soportado ser regidos por "los mejores y los más brillantes", pero ahora querían ser gobernados por "los buenos" y creyeron que Bush era el hombre que podía hacerlo real. En una elección entre la brillantez inmoral y el estudiante de notas regulares con una orientación moral, elegirían la orientación moral.

---

Como si lo hubiera preparado para decir que había entendido el mensaje de los votantes, el discurso de toma de posesión de Bush sonó como un llamado a una nueva pureza. Él proclamó: "Nuestro interés público depende del carácter privado. Viviré y gobernaré bajo estos principios: 'hacer avanzar mis convicciones con cortesía, buscar el bien público con valor, hablar para conseguir una mayor justicia y compasión, llamar a la responsabilidad e intentar vivirla también'. De esta manera, traeré los valores de nuestra historia al cuidado de nuestros tiempos".[33]

Una vez hecho el pacto, Bush comenzó a trabajar de inmediato. La columnista Peggy Noonan reflejó el pensamiento de muchos que apoyaban a la nueva administración cuando sugirió que Bush hiciera un exorcismo en su primer acto en la Casa Blanca: "Creo que todos los sitios donde se concentra el poder tienen en su interior pequeños diablillos —pequeños diablillos, invisibles, sentados en la cornisa de la puerta de esta oficina, soltando risitas silenciosas en algún rincón o librero de alguna otra (...) todas las Casas Blancas los tienen, pero en la que acaba de terminar, los diablillos corrieron salvajemente. Sería muy bueno e importante si el Señor Bush invitara a un buen sacerdote, a un rabino sabio y profundo, y a un ministro fiel y amoroso para que oraran juntos en esa casa y la volvieran a ungir, lanzando a los diablillos de ahí al menos por un tiempo".[34]

Ya sea que Bush haya pensado o no en su mudanza a la Casa Blanca como una nueva unción, definitivamente marcó una separación con el espíritu de la administración anterior. Durante su primer día en la Oficina Oval, Bush suspendió docenas de órdenes ejecutivas de último momento expedidas por Bill Clinton; también reinstauró la política hacia la Ciudad de México, la cual eliminaba el apoyo a los contribuyentes para los servicios internacionales de aborto, que había sido establecida por Reagan y suprimida por Clinton. En un sentido, Bush traía de vuelta a Reagan; y no sería la última vez.

El domingo siguiente, Bush declaró un Día Nacional de Oración y Acción de Gracias y detuvo todas las contrataciones hasta que los miembros de su gabinete se encontraran en sus puestos, lo cual no tardaría mucho, pues el senado confirmó a siete de sus candidatos tres horas después de haberlos propuesto.

Todavía no era el atardecer de su primer día, cuando el presidente firmó una orden que establecía pautas éticas para su nueva administración. La orden llamaba a todos los que trabajaban en su gobierno a "mantener los mayores estándares de integridad" y establecía reglas específicas que prohibían el uso de los cargos públicos para obtener ganancias privadas, ponían un alto a los intereses financieros que entraran en conflicto con los deberes oficiales y prohibían las prácticas discriminatorias.[35] Algunos creían que su primer día fue el amanecer de un nuevo día para el país.

—៣—

Un punto clave para la continuidad de este nuevo día fue el equipo de liderazgo de Bush. Los críticos decían que el presidente *"nacido de nuevo"* se sentiría obligado a elegir un gabinete de predicadores, sería la administración de Elmer Gantry. Pronto recibirían una sorpresa: la administración de Bush sería la más diversa de la historia, la cual incluiría, por ejemplo, más afroamericanos e hispanos en posiciones prominentes que cualquier otro gobierno anterior.[36]

Lo mismo se aplicaba con las mujeres. En un artículo sobre la asesora presidencial, Karen Hughes, la revista *Esquire* informó: "A la izquierda le cuesta mucho admitir que el sueño abrigado durante tanto tiempo de tener una mujer con tanto poder –quien en este caso dirigía a una hermandad de mujeres en posiciones elevadas y a nivel de gabinete– ha ocurrido de alguna manera bajo una gestión republicana".[37] Lo anterior era verdad, pero los cambios no se detuvieron ahí, algunos hicieron la observación de que una reunión del gabinete de Bush era tan variada en lo racial que parecía una reunión de comité de las Naciones Unidas.

Aun así, los críticos tenían razón en algo: en la mayoría de los casos la gente de Bush eran personas de fe: entre ellos se encontraba Condoleezza Rice, hija de un ministro presbiteriano y una brillante experta en política exterior; John Ashcroft, un ex senador y ahora fiscal general, miembro fiel de las Asambleas de Dios; Andrew Card, jefe del estado mayor, casado con una ministra presbiteriana; Don Evans, secretario de comercio que había estado con Bush desde los días de estudio bíblico en Midland; y Karen Hughes, a quien llamaban "la profeta", quien tenía el cargo de anciana en una iglesia presbiteriana. Había docenas de personas como las anteriores en todos los niveles de la administración.

El distintivo de fieles como estos, era que no dejaban sus vidas espirituales en la puerta de la Casa Blanca. David Frum, un hombre judío, dijo que las primeras palabras de Bush que escuchó en la Casa Blanca fueron: "Te extrañamos en el estudio bíblico".[38] Desde 1997, los reglamentos federales habían permitido las actividades religiosas en los lugares de trabajo del gobierno, siempre y cuando los no creyentes no fueran víctimas de presión o acoso.[39] Los estudios bíblicos y las reuniones de oración se volvieron comunes y en ningún sitio más que en la residencia oficial. Como un empleado dijo: "Nadie asume que la Casa Blanca sea una iglesia, y nadie cree que puede descuidar su trabajo en nombre de la religión; sin embargo, entendemos que la visión política a la cual servimos está alimentada por la fe, y la nación se beneficia cuando hay estudios bíblicos en el trabajo y reuniones de oración antes de comenzar las labores en la residencia oficial".[40]

Sin embargo, nada señaló el comienzo de un nuevo día en Washington tanto como el mismo George W. Bush, que parecía decidido a ser el ejemplo de su propia visión moral. Abría cada reunión del gabinete con una oración e insistía haciendo gran énfasis en el aspecto moral. Una historia de David Frum ejemplifica: "Al principio de mi temporada en la Casa Blanca, alguien me preguntó en una reunión si estaba seguro de algo, dije que lo estaba, y la persona insistió: "¿Estás seguro?" Molesto, respondí enfáticamente: "Sí, estoy seguro, ¡maldición!". De pronto, la temperatura en la habitación pareció llegar a cero, y hubo un silencio prolongado mientras intentaba averiguar cuál había sido mi error. Después lo entendí: "Eh... quiero decir, sí, en efecto, estoy seguro del todo".[41] La Casa Blanca de Bush tendría, en su mayor parte, un ambiente abstemio, de no fumadores y donde no se usaba un lenguaje vulgar; la droga preferida eran los *M&M's* [nota del traductor: M&M´s es una marca de confites de chocolates con cobertura dulce de colores].

Bush parecía estar decidido a ser el hombre honesto que los votantes esperaban. Si grababa en Washington un discurso que sería difundido por radio mientras se encontrara en Oklahoma, se negaba a decir: "Estoy en Oklahoma"; dejaba de grabar, se retiraba sus anteojos y protestaba: "Pero no estoy en Oklahoma". Los redactores de sus discursos aprendieron a no colocar en sus discursos la frase: "Estoy contento de estar aquí". Si el presidente no estaba contento, no leía la línea. En una ocasión, cuando estaba programado que viajara a Florida para recibir reconocimiento por un enorme proyecto para restaurar las praderas pantanosas del sur del estado, conocidas como Everglades, sencillamente dijo: "Hoy firmé un acuerdo con el estado de Florida para restaurar las Everglades, cuya legislación fue aprobada antes de mi gobierno". El que un presidente no aceptara reconocimiento por un proyecto multimillonario, de quien sea que hubiera sido la idea, dejó atónitos a los observadores de Washington.[42]

No obstante, aun quienes no notaban las señales sutiles de su carácter, no podían pasar por alto los momentos en los cuales acogía y hasta promovía la devoción espiritual. El momento más notable de estos fue el Domingo de Ramos del 2002. El presidente y su equipo volaban de regreso de El Salvador a bordo del *Air Force One* [nota del traductor: "Air Force One" (Fuerza Aérea Uno) es el nombre del avión presidencial estadounidense]. Su gabinete, sabiendo que detestaba no asistir a la iglesia, le sugirió realizar un servicio en el aire. Bush estuvo de acuerdo. Al poco tiempo, había cerca de cuarenta funcionarios apretados en el interior de la sala de conferencias del avión. Condolezza Rice, música consumada, dirigió la alabanza; Karen Hughes se encargó de la lectura y el asunto concluyó mientras todos cantaban "Sublime Gracia", y después, abrazos y besos como señal de comunión cristiana.

Bush recordó después: "En verdad sentí la presencia de Dios entre mis amigos en el Air Force One. Había muchas personas en el avión, y es un momento especial poder adorar a Dios con las personas con quienes trabajas en un sitio único".[43]

Peggy Noonan habría estado complacida, era claro que los diablillos estaban huyendo.

—~—

Durante sus días en el grupo de estudio bíblico en Midland, Bush comenzó la disciplina de llevar a cabo pequeños servicios devocionales diarios, una práctica que llevó con él a la Casa Blanca. Cada mañana, antes del amanecer, aún antes de llevar a Laura una taza de café, leía la Biblia. Usando las técnicas que aprendió en el estudio bíblico, examinaba cada palabra de los pasajes que leía, razonaba su contexto, meditaba en el significado que tenían en su vida y llevaba esas palabras a una oración.

El libro de Salmos resultó serle especialmente vigorizante, pues esa sección poética en el corazón del Antiguo Testamento expresaba las luchas y las recompensas de la fe, los triunfos y las batallas de la esperanza, y las alegrías y tristezas del amor. Sus favoritos fueron los Salmos 27 y 91 (pasajes que resuenan con temas de firmeza moral frente al conflicto).

También leía diariamente una porción de *En pos de lo supremo*, la obra devocional clásica escrita por Oswald Chambers, la cual ha tenido un profundo impacto en su manera de pensar, y cuyos temas diarios aparecen con frecuencia tanto en sus declaraciones públicas como en sus conversaciones privadas. No es sorprendente que a Bush le encante este libro, pues Chambers escribió este clásico mientras ministraba a los soldados, y las ilustraciones que usa provienen de los deportes, del ejército y de la naturaleza; en gran medida, el lenguaje que habla Bush.

*En pos de lo supremo* es un fenómeno de la literatura cristiana. Se ha reimpreso continuamente desde 1923, después de la muerte de Chambers. Con millones de copias en más de veinticuatro idiomas, se ha convertido en uno de los libros inspiracionales más vendidos de todos los tiempos (un libro comparable con *El progreso del peregrino,* de Juan Bunyan).

Chambers nació en Escocia, en 1874 (el mismo año en el cual nacieron G.K. Chesterton y Winston Churchill). Su padre fue un pastor bautista, convertido e instruido bajo el ministerio de Charles Haddon Spurgeon, posiblemente el inglés cristiano de mayor influencia del siglo XIX. Su madre se convirtió bajo el ministerio de Thomas Chalmers, que de forma análoga fue el cristiano escocés de mayor influencia en la época. Este rico legado espiritual fue evidente en los escritos y la enseñanza de Chambers. La simplicidad humilde, piedad profunda y visión apasionada que resultaba, terminaba por inspirar a los cristianos a vivir sus vidas como "pan partido y vino vertido" para Cristo y dar "el máximo por su grandeza".[4]

La lectura y la meditación disciplinada de Bush en su pequeño servicio devocional, no puede evitar afectar la manera en la cual ve su presidencia. Chambers insistía en que los hombres debían ver sus dones en la vida como regalos sagrados que se nos confían para ser ejercidos en beneficio de los demás. Todo lo que un hombre posee, desde su dinero hasta la autoridad que ostenta, es una herramienta para el bien en manos de Dios. Esta es una antigua perspectiva puritana, una de la cual Bush bebe todos los días mientras busca cumplir los deberes de la presidencia moderna.

—⁓—

Durante la primavera del primer año que pasó en la presidencia, Bush dio un discurso que presagió gran parte de lo que vendría durante su administración.[45] La ocasión fue una cena en la convención del Comité Judío Estadounidense (AJC por sus siglas en inglés), en Washington. Sería un evento de alto calibre al cual asistirían Vicente Fox, presidente de México, Shimon Peres, ministro del exterior de Israel, y Joschka Fischer, ministro del exterior de Alemania. Considerando la historia del AJC en cuanto a la defensa mundial de las minorías religiosas del mundo y dadas sus incomparables preocupaciones judías, la invitación ofreció a Bush una oportunidad de aclarar algunas de sus posturas más controvertidas.

Bush sabía que la comunidad judía en los Estados Unidos tenía serias dudas en cuanto a sus iniciativas relacionadas con la religión. Tenían desconfianza ante su etiqueta de cristiano nacido de nuevo y nerviosismo de que su estilo de "vaquero" le permitiera arrasar con la diferenciación excitante entre iglesia y estado, tan apreciada por los judíos en los Estados Unidos.

El plan completo era fácil de malentender; Bush quería financiar instituciones religiosas para tratar la clase de males sociales relacionados con el alma humana afligida (problemas como el alcoholismo y la drogadicción). Sin embargo, no pretendía dar fondos a las instituciones con el fin de que esparcieran sus creencias. Esta era una distinción sutil, pero que debía establecer para que sobrevivieran las iniciativas con base religiosa.

De igual manera, era una distinción que Bush sabía que había sido hecha por los padres fundadores de la nación. Había escuchado mucho respecto a este tema por parte de pensadores políticos conservadores como Marvin Olasky y de su propio redactor de discursos, David Gerson, entre otros. La

Primera Enmienda estaba hecha para evitar el establecimiento de una iglesia del estado, pues los colonizadores habían experimentado el anglicanismo patrocinado por el gobierno cuando vivieron bajo el dominio británico, y lo encontraron deficiente. Sin embargo, no había nada en la Primera Enmienda ni en ninguna parte de la constitución que prohibiera el fomento estatal de la religión en general. Aquí es en donde las prácticas de los fundadores eran más coherentes con los planes de Bush que con los fallos recientes dados por la Suprema Corte.

Aunque los que elaboraron de la constitución buscaban específicamente evitar una iglesia estatal, no tenían nada en contra de financiar la religión en general. Los mismos hombres que ratificaron la constitución usaron fondos federales para nombrar capellanes, imprimir Biblias y fundar misiones para los indios. Una ley de 1796 que actuaba en este sentido, le daba el derecho a una directiva, para ordenar que se usaran tierras especiales para los indios cristianos. Se llamaba: "Ley que regula la concesión de tierras para propagar el Evangelio entre los paganos".[46] Varias denominaciones usaban los edificios federales de Washington como iglesias los fines de semana sin ningún sentido de injusticia de la ley. De hecho, la primera iglesia presbiteriana de Washington usaba la antigua Suprema Corte los domingos por la mañana. Claramente, los padres fundadores de la nación acogían positivamente una relación entre fe y gobierno pero guardaban celosamente la línea que dividía al estado de la iglesia institucional.

Bush veía su plan de iniciativas religiosas como un regreso al propósito original; no obstante, podía entender cómo una minoría religiosa podría ver estas iniciativas como una puerta abierta para la preferencia religiosa promovida por el estado. Para apaciguar los temores, fue directo al tema principal una vez concluidas las cortesías de apertura de su discurso.

Él dijo: "Di un vistazo al programa de hoy antes de venir, me halagó leer que en la reunión de este año, 'entender a la nueva administración' se considera una 'característica central'. Bien, quizá pueda ahorrarles algo de tiempo". Hubo risas, todos supieron que el presidente iría al grano.

Entonces comenzó: "Creo que nuestro gobierno debe apoyar obras de caridad motivadas por la fe". Hubo una pausa breve y algunos pudieron haberse sentido un poco incómodos con la franqueza de la línea de apertura del presidente. Sin embargo, no dudó mucho antes de asegurar: "Pero nuestro gobierno nunca financiará la enseñanza de la fe misma".

Ese fue un buen comienzo, pero apenas comenzaba. El siguiente asunto era Israel y todos sabían que se referiría a él. Bush había hablado con frecuencia sobre su "apoyo" para Israel, el cual había parecido a los judíos estadounidenses poco palpable en sus acciones, estaban confundidos. Bush era el campeón político de la Norteamérica evangélica, la mayor concentración de apoyo para Israel fuera de la comunidad judía misma.

No obstante, parecía estar abandonando el proceso de paz y actuando, en las palabras de David Frum, como si "la paz fuese algo por lo cual se debía orar –en vez de algo que se debía ganar en el campo de batalla o negociarse en una conferencia de paz– [y] que fácilmente podía interpretarse como indiferencia para el futuro de Israel o como algo peor que indiferencia".[47] En el primer año de su presidencia, Bush ya estaba en vías de cancelar más tratados internacionales que cualquier otro jefe del ejecutivo en la historia estadounidense. Algunos en el público se preguntaban si también se verían afectados sus compromisos con Israel.

Bush también sentía la presión, hasta su administración estaba dividida: el Departamento de Defensa lo instaba a apoyar a Israel mientras que el Departamento de Estado apoyaba la causa de las naciones árabes. Los conservadores también estaban divididos. Preocupado por la influencia de Israel en la capital de la nación, Pat Buchanan se había referido al Capitolio como una "zona de ocupación israelí".[48] Mientras tanto, otros conservadores prominentes llamaban incesantemente a que los Estados Unidos apoyaran a Israel a toda costa.

Bush también sabía que su base religiosa estaba dividida: algunos cristianos creían que el estado moderno de Israel ya no tiene el mismo sitio en el designio de Dios que tenía en el Antiguo Testamento. En esta perspectiva, se debía estimar a

Israel como un aliado favorecido y como la única democracia en el Medio Oriente, pero mucho menos.

Por otro lado, otros cristianos creen que la nación moderna de Israel es un pueblo elegido por Dios tanto como lo fue en tiempos antiguos. Desde este punto de vista, el Israel moderno es el heredero legítimo de una región vasta otorgada divinamente desde el tiempo de los patriarcas, una "tierra prometida" que se extiende desde el mar Mediterráneo hasta el Éufrates y desde el desierto del Sinaí, en el sur, hasta el sur de Líbano, en el norte. Este enfoque lleva con frecuencia a una perspectiva de "correcto o incorrecto" refiriéndose a Israel, la cual es difícil de implementar como política.

Sin importar la postura que Bush tomara respecto a Israel, obviamente se arriesgaba a ofender a un gran número de sus partidarios religiosos. Pero de nuevo, Bush fue directo al grano, y afirmó: "Soy cristiano, pero como el salmista, creo que el Señor Dios de Israel no duerme ni pestañea. Entender mi administración no debe ser difícil, hablaremos de acuerdo con nuestros principios, defenderemos a nuestros amigos en el mundo, y uno de nuestros amigos más importantes es el estado de Israel". El medido aplauso del público indicó que todavía no estaban convencidos.

Pero el presidente no había terminado: "En mi primera reunión con el Consejo Nacional de Seguridad dije que una alta prioridad de la política exterior es la seguridad y la protección de Israel. Mi administración será firme en apoyar a Israel en contra del terrorismo y la violencia, y en buscar la paz por la cual oran todos los israelitas".

Aunque fue una enunciación general, era una reafirmación del apoyo continuo de los Estados Unidos a Israel. El presidente nunca diría algo así para después dejar a Israel a su suerte. Seguramente, en un sentido amplio, les decía que él era lo que querían que fuera: un campeón para el estado de Israel, un defensor en contra de sus enemigos, seguramente señalaba un fortalecimiento de su decisión de respaldar a un amigo importante de los Estados Unidos. Después, el aplauso ofrecido por el público se volvió más cálido, más sincero.

Bush, entonces tocó el asunto del Medio Oriente de lleno, estaba a punto de emitir un noble llamado para la paz, pero sus palabras estaban matizadas de una ingenuidad inconfundiblemente estadounidense que algunos del público recordarían con tristeza una vez que pasaran los horrores que ocurrirían cinco meses más tarde.

El presidente continuó: "El Medio Oriente, es el lugar de nacimiento de tres grandes religiones: el judaísmo, el cristianismo y el Islam mismo. La paz duradera en la región debe respetar los derechos de los creyentes de las tres. Eso es sentido común, pero también es algo más: es un sentido moral basado en el profundo compromiso estadounidense de la libertad de creencia".

Los políticos estadounidenses hablan de esta manera con frecuencia, son idealistas, sueñan con un mundo de igualdad y libertad y suponen que las demás naciones también lo hacen, pero también tienden a ver el mundo a través de un lente propio de los Estados Unidos, como si todas las naciones se encontraran en alguna parte del camino para volverse estadounidenses. En ocasiones hablan como si Thomas Jefferson no fuera sólo un padre fundador del país, sino el emperador de un imperio global. En su discurso ante el AJC, Bush sonó de la misma manera, pues dijo que la paz en el Medio Oriente se daría, cuando aquellos en la región compartieran "el profundo compromiso estadounidense de la libertad de creencia".

Si compartieran ese compromiso, sería bueno; el cristianismo lo permitiría, el judaísmo también; pero las personas que se hacían estallar en centros comerciales de Jerusalén no buscaban traer igualdad de religión; quienes estaban comprometidos con la destrucción de Israel creían que los infieles debían morir.[49] ¿El presidente lo entendía? ¿Entendía que no todo lo que crece en suelo estadounidense puede llevarse a otra tierra? ¿Conocía la diferencia entre Texas y Tel-Aviv?

Pronto lo haría.

En tan sólo unos pocos meses, lo entendería demasiado bien.

Dirige el camino: Junto a los trabajadores de rescate
el 14 de septiembre de 2001.

# CAPÍTULO SIETE

## Un nuevo día de infamia

El nombre clave para Ronald Reagan en el servicio secreto era "Rawhide" (látigo de cuero), el de Jimmy Carter era "Rabbit" (conejo), los agentes llamaban "Elvis" a Bill Clinton y tenían dos nombres para George W. Bush: durante la campaña, lo llamaban "Tumbler" (volantinero), y una vez que asumió la presidencia se volvió "Trailblazer" (pionero).

Hoy, la palabra "Trailblazer" se escucharía con urgencia, de forma diferente, a través de los radiotrnsmisores. Es el 11 de septiembre de 2001.

El presidente está de visita en la escuela primaria Emma E. Booker, en Sarasota, Florida; la atmósfera está cargada con la extraña mezcla de emoción y seriedad que acompaña por lo general a las visitas presidenciales. Los profesores corren nerviosos colocando a sus alumnos en posiciones previamente designadas, aunque los estudiantes mismos tienen las piernas rígidas por la impresión. El presidente ha llegado, está tranquilo, bromea, toca un rostro aquí, da palmaditas a una cabeza allá.

Unos momentos antes de las 9:00 a.m., un asistente detiene al presidente en un pasillo; un avión se ha estrellado contra una de las torres del World Trade Center de Nueva York. El presidente se dirige a una habitación privada donde habla por teléfono con la asesora de seguridad nacional Condoleezza Rice. Se le informa que el choque parece haber sido un accidente. El presidente continúa con su visita.

A las 9:04, mientras Bush escucha leer a los niños de segundo grado, el jefe del estado mayor, Andrew Card, le susurra al oído que un segundo avión ha golpeado la otra torre del World Trade Center. El rostro del presidente se endurece, pero continúa escuchando y bromea con ellos diciendo que leen tan bien que deberían estar en sexto grado.

Con delicadeza se aparta de los niños y se reúne con sus asesores y conversa de nuevo con Rice; debe dar un discurso sobre la educación en algunos minutos. A las 9:30 entra al auditorio de la escuela y anuncia "un aparente ataque terrorista en contra de nuestro país".[1]

"'Trailblazer' asegurado, regresamos al Air Force One".

El presidente ordena que su avión se dirija a Washington. Una vez que el tren de aterrizaje se eleva, el 747 asciende con rapidez hasta su altitud final, disminuyendo el riesgo de francotiradores o de misiles. Esta es una práctica reglamentaria, pero hoy el ascenso es mucho más empinado que lo normal.

Poco después, el servicio secreto recibe información de que el mismo Air Force One es un blanco, regresar a Washington es demasiado arriesgado, así que el avión se desviará a la base Barksdale de la fuerza aérea en Louisiana.[2]

Entonces sucede: llegan noticias del ataque al Pentágono, y que otro avión, posiblemente dirigido a la Casa Blanca, se ha estrellado cerca de Pittsburgh.

El presidente llega a Louisiana a las 12:40 p.m., tiempo del este. Desde la sala de conferencias de un cuartel general, dice a Dick Cheney, quien se encuentra en un búnker bajo la Casa Blanca con otros funcionarios del gabinete, que "es el cobarde sin rostro quien ataca".[3]

Bush da su primer mensaje a la nación, asegura al pueblo estadounidense que el gobierno está trabajando, que está en contacto con sus líderes y con los jefes de estado de todo el mundo. Él reconoce: "La determinación de nuestra gran nación está siendo puesta a prueba; pero no lo duden, mostraremos al mundo que pasaremos esta prueba. Dios nos bendiga".[4]

David Frum, quien en este momento se encuentra en Washington trabajando en el discurso presidencial para esa tarde, recuerda que las palabras del presidente se vieron traicionadas por el escenario: "Las bases de la Fuerza Aérea no están equipadas con estudios de televisión, así que el presidente se vio forzado a grabar su mensaje en una habitación vacía y a través de una conexión digital endeble. Se veía y sonaba como la presa, no como el cazador".[5]

"'Trailblazer' está en movimiento".

Bush sale de la sala de conferencias, se encorva para entrar a un vehículo militar, y regresa al Air Force One. Habla de nuevo con Cheney, quien lo convence de volar al Centro de Mando Aéreo Estratégico en la base de la fuerza aérea de Offutt, en Nebraska. Es una decisión de suma importancia, pues Offutt se diseñó para ser el centro de mando para una respuesta a invasiones o ataques nucleares. El que el presidente se dirija a ese sitio hace una afirmación clara: estamos en guerra y el comandante en jefe se dirige a su estación de combate.

Para las 3:07 p.m., tiempo del este, mientras el Air Force One aterriza en Offutt, el presidente ya había hablado con el gobernador George Pataki y con el alcalde de la ciudad de Nueva York, Rudolph Giuliani, a quien dijo: "Sé que su corazón está quebrantado y su ciudad agobiada; háganme saber si podemos hacer algo".[6]

En Washington, David Frum acaba de escuchar de su esposa, que Bárbara Olson, esposa del subsecretario de justicia, Theodore Olson, se encontraba en el avión que se estrelló contra el Pentágono. La respuesta de fe de Frum retrata la de tantas personas en este día, por eso vale la pena recordarla:

"Conservo una transliteración del Kaddish, la oración judía de los muertos, en mi ayuda electrónica. Salí de nuestra pequeña oficina, me retiré al cuarto de fotocopiado, cerré la puerta y busqué a mi alrededor algo con qué cubrirme la cabeza. No encontré nada, así que saqué los brazos de mi chaqueta y la coloqué como un chal sobre mi cabeza, recité las palabras antiguas y lloré a mi valiente y hermosa amiga".[7]

"'Trailblazer' regresa."

Menos de veinte minutos después, en Offutt, el presidente ha decidido que su sitio se encuentra en Washington. Posteriormente, el *Wall Street Journal* señaló que esta decisión mostró que el presidente "no podía estar asustado por mucho tiempo, si es que podía asustarse".[8]

"'Trailblazer' está a bordo."

Bush llama a su esposa desde el Air Force One. "Voy de regreso a casa, te veré en la Casa Blanca".[9] Comienza a trabajar en el discurso que dará en el horario estelar de la televisión.

A las 8:30 p.m. de regreso en Washington, el presidente sale al aire. De nuevo las palabras son correctas: "Los ataques terroristas pueden sacudir los cimientos de nuestros mayores edificios pero no pueden tocar los cimientos de los Estados Unidos. Estos actos destrozan el metal, pero no pueden abollar el acero de la determinación estadounidense". Y para los afligidos: "Oro para que los consuele un poder mayor que cualquiera de nosotros. Ha hablado a través de las edades en el Salmo 23: 'Aunque ande en valle de sombra de muerte, no temeré mal alguno, porque tú estarás conmigo'".[10]

Su mensaje a la nación ayuda. Estados Unidos ve a su presidente haciéndose cargo en la oficina presidencial; no obstante, el discurso no se eleva a la magnitud de la ocasión. De nuevo, el artífice de la palabra, Frum escribe: "Pude imaginar a los estadounidenses apagando sus televisores, viéndose unos a otros con la misma consternación que yo sentí, pude imaginarlos pensando: Bush era un buen tipo, un presidente totalmente adecuado para tiempos de paz y tranquilidad; pero esto era la guerra, una guerra real, y en todo el día no dio una sola indicación de estar listo para sus nuevas y terribles responsabilidades".[11] El personal del presidente llamaría al discurso de Bush el "horrible mensaje de la oficina presidencial".

A las 8:35 p.m. Bush asiste a una reunión de seguridad nacional, las discusiones y el procesamiento de informes conflictivos continúa hasta las 10:21 p.m. El presidente da las buenas noches a su personal y se reúne con su esposa.

"'Trailblazer' está en el segundo piso de la residencia".

—⁂—

El hábito regular del presidente de leer una porción del libro de Oswald Chambers, *En pos de lo supremo,* lo cual había hecho temprano esa mañana, lo llevaría a un pasaje muy revelador (aunque en ese momento no podía saber cuán revelador). La lectura corta, titulada "Municiones misioneras", describía el modelo de un líder y siervo, tomado del Evangelio de Juan, y quizá retrataba el camino que el presidente debería tomar en los difíciles días que seguirían: "Ministrar cuando las circunstancias se nos presentan, no significa que nosotros elijamos las circunstancias, significa ser elegidos por Dios en cualquier situación imprevista que prepare para nosotros. Las características que mostramos en nuestro entorno inmediato son indicaciones de cómo actuaríamos en otras circunstancias".[12]

En efecto, pronto se encontrará en circunstancias imprevistas. El pasaje continuaba, de manera aún más drástica, diciendo: "Toallas, trastos y sandalias, todos los objetos banales de nuestras vidas cotidianas revelan, más rápido que nada, aquello de lo que estamos hechos. Se necesita a Dios Todopoderoso encarnado en nuestras vidas para que hagamos como corresponde hacerse, el deber que tiene el mayor propósito". Y finalmente: "Debemos andar la 'segunda milla' con Dios. Algunos de nosotros nos rendimos tras apenas unos metros porque, cuando Dios nos hace ir por donde no es posible ver el camino, decimos: 'Esperaré hasta estar más cerca de la crisis verdadera.' Si no hacemos la caminata de manera constante en los pequeños trayectos, no haremos nada en la crisis".[13]

—꿈—

Sin embargo, su comienzo fue tembloroso, lo cual es entendible. Mientras los estadounidenses iban intranquilos a dormir en la noche del 11 de septiembre, sabían que su gobierno aún estaba de pie, pero no hubo mucho más que hubiesen podido saber; quizá no era posible saberlo. Lo importante del liderazgo no es dar información, es dar esperanza; y Bush no había ofrecido una esperanza convincente en ese día tan importante.

No obstante, al día siguiente, comenzó a ser un líder. De hecho, comenzó a dar los primeros pasos tentativos hacia parecerse a Churchill. Bush definió la naturaleza de la batalla a través de comentarios dados a la prensa en la sala del gabinete con su equipo de seguridad. Afirmó: "Esta será una lucha monumental del bien contra el mal, pero el bien prevalecerá".[14]

El comentario es más importante de lo que aparenta. Bush hizo de manera intuitiva lo mismo que Churchill: ubicó la batalla en un contexto moral. Churchill no dijo que la guerra que se presentaba al pueblo británico era un conflicto entre Inglaterra y Alemania, sino entre "el paganismo idólatra" y las "naciones cristianas".[15] Definió al conflicto en términos morales y por lo tanto lo elevó.

Si Bush tan sólo se hubiese referido al 11 de septiembre como un acto terrorista, habría dejado a los estadounidenses con la creencia de que el FBI (Agencia Federal de Inteligencia) y la policía local podrían manejar todo el asunto. En cambio, llamó a la nación a una guerra. Estaba aplicando la visión moral que tanto había transformado su vida, a la pesadilla colectiva de su nación. Ahora comenzaba a ver el reto con claridad: somos buenos, nuestros atacantes son malvados, ¡a las armas! Y dio esperanza: "El bien prevalecerá".[16]

También mostró tener un corazón. Los estadounidenses

esperaban aptitud, pero necesitaban humanidad; que el presidente se lamentara como ellos lo hacían. El 13 de septiembre, Bush respondió algunas preguntas de los reporteros. Uno de ellos le dijo: "¿Qué hay en su corazón?". Se formaron lágrimas en sus ojos, sus labios temblaron y con la voz entrecortada, dijo: "Pienso en las familias, en los niños. Soy una persona cariñosa, pero también soy alguien que tiene un trabajo que hacer; y pienso hacerlo".[17] Cuando la nación lo oyó, sintieron que era uno de ellos.

No obstante, fue al día siguiente cuando Bush afirmó su posición. No es insignificante que haya ocurrido en una iglesia. Durante un servicio en la catedral nacional en homenaje a los caídos, dio un discurso que fue tanto teológico como poético, quizá por primera vez desde que se encontraba en el cargo. Dijo que los estadounidenses se habían reunido ante este hecho en medio de su duelo, y aunque la nación aún no tenía la "distancia de la historia" sí tenía una "responsabilidad con la historia [...] de responder a estos ataques terroristas y librar al mundo del mal". De nuevo se asemejaba a Churchill, definía la batalla en un sentido moral, y hacía que valieran la pena los sacrificios que vendrían. Él aseveró: "Esta nación es pacífica, pero feroz cuando se le provoca a la ira". Con esto se acercó a Roosevelt, advirtiendo al mundo acerca de la "furia justa" de los Estados Unidos. Y también a Patton: "Este conflicto comenzó en los términos y en el tiempo elegido por el enemigo, y terminará en la forma y en la hora que nosotros elijamos".[18]

Entonces, comenzó a definir una teología apropiada para el sufrimiento de la nación. El presidente dijo solemnemente: "Este mundo es de un diseño moral. El dolor, la tragedia y el odio, sólo ocurren por un tiempo. El bien, el recuerdo y el amor no tienen fin. Y el Señor de la vida sostiene a todos los que mueren y a todos los que se duelen". Decía que el mal pasará, pero el bien es eterno; sin embargo, esta era la perspectiva del mundo, el consejo pastoral vendría después: "Se dice que la adversidad nos enfrenta con quiénes somos, lo cual también se aplica a una nación".[19] ¿Y qué clase de nación había resultado ser Estados Unidos? El tipo de nación que hace héroes, como el sacerdote que murió dando la extremaunción, como el hombre que se quedó en las torres con su amigo parapléjico, como los bomberos que subieron a los edificios para encontrar la muerte.

Estados Unidos de América es una nación buena, pero las naciones buenas no están exentas del sufrimiento. En cambio, hemos sufrido, precisamente "porque somos el hogar de la libertad y la nación defenderá la libertad. Y el compromiso de nuestros padres, ahora es el llamado de nuestro tiempo".[20] Estamos destinados para eso, es el precio que pagamos por ser buenos; la lucha vale la pena.

No estaremos solos: "Como se nos ha asegurado, ni la muerte, ni la vida, ni ángeles, ni principados, ni potestades, ni lo presente, ni lo por venir, ni lo alto, ni lo profundo podrán separarnos del amor de Dios. Que Él bendiga las almas de los caídos, consuele las nuestras y siempre guíe a nuestro país. Dios bendiga a los Estados Unidos".[21]

Algunos dijeron que este fue el mejor discurso de su vida. Bush también parecía pensarlo, pues hacía del lenguaje una parte del arsenal nacional, aprendía el poder de impartir un sentido moral a una nación en crisis, y sentía la fuerza que proviene de sentirse destinado para algo.

De inmediato, después del servicio, voló a Nueva York por primera vez desde los ataques. Con el alcalde Giuliani y el gobernador Pataki a su lado, recorrió la zona cero. Las multitudes lo inspiraban, ellos agitaban banderas estadounidenses y letreros escritos a mano mientras coreaban: "¡USA! ¡USA! (United States of America)".

Entonces, ocurrió una escena que ningún equipo de avanzada pudo haber planeado. Mientras Bush recorría las ruinas, los trabajadores de rescate comenzaron a reunirse a su alrededor, querían que hablara; alguien le dio un megáfono. Parecía estar listo, pero se detuvo al darse cuenta de que la mayor parte de la multitud no podía verlo.

Un bombero retirado, Bill Beckwith, subió a un camión de bomberos destruido que se encontraba cerca para ver si soportaría al presidente, viendo que sí lo haría, ayudó a Bush a subir, para después encontrar que no podría bajar, ya que el presidente había colocado el brazo a su alrededor y no pensaba moverlo. Bush comenzó a hablar, pero el mensaje no se entendía a través del megáfono. Alguien gritó: "No podemos oírlo". Aprovechando el momento, Bush alejó el megáfono de su boca y gritó: "Pues yo puedo oírte". Hubo vítores. Después, dudó, como si reflexionara en el significado de sus propias palabras. Dijo de nuevo: "Puedo escucharlos, el resto del mundo los escucha y quienes derribaron estos edificios pronto escucharán de nosotros". La multitud lo entendió, entendieron el significado del momento; el hecho de que Bush había dado un paso propio, la promesa de que el sufrimiento sería resarcido, hizo que rompieran en una alegre aclamación: "¡USA, USA, USA!"[22]

No pocos comentaristas han dicho que desde ese día Bush no volvió a ser el mismo. Sus discursos mejoraron, hablaba de su fe con mayor valentía y su confianza se volvió contagiosa.

Él también sabía que algo estaba ocurriendo. Un escritor le comentó que había tachado líneas de un discurso muy importante, las cuales seguramente habrían llegado a los encabezados de los diarios. Bush negó con la cabeza y respondió: "El encabezado es: Bush está al mando".[23]

—⁂—

Bush sentía un nuevo poder y estaba a punto de necesitarlo. Seis días después de la tragedia del 11 de septiembre, dio un discurso en el centro islámico de Washington el cual provocaría una controversia mayor que cualquier cosa que hubiese dicho hasta la fecha durante su presidencia. Ante una audiencia mayoritariamente musulmana, Bush dijo: "El Islam es paz [...] cuando pensamos en el Islam, pensamos en una fe que trae consuelo a miles de millones en todo el mundo. Miles de millones de personas encuentran consuelo, alivio y paz, y esto los ha hecho hermanos y hermanas de toda raza".[24]

Su intención fue buena, intentaba separar al Islam del terrorismo, quería que los casi mil quinientos millones de musulmanes del mundo supieran que las acciones que estaba a punto de tomar no serían en contra de su fe, sino en contra de quienes usaban su fe como un pretexto para la violencia. También sabía que para lidiar de forma efectiva con países musulmanes más radicales, como Afganistán, necesitaría tener el favor de los países moderados como Jordania y Turquía.

Con todo, las palabras "El Islam es paz" parecieron falsas a muchos estadounidenses después del 11 de septiembre. También parecieron contradecir lo que los estadounidenses veían cuando observaban al resto del mundo, pues en Nigeria, Sudan, Indonesia, Israel, Afganistán, Pakistán, Irak, India y, desde luego ahora en los Estados Unidos, muchos musulmanes no parecían ser pacíficos. El Islam no parecía ser lo que el presidente dijo: una religión que "ha hecho hermanos y hermanas de toda raza". Hubo un torbellino de críticas por parte de la Derecha Religiosa tras los comentarios de Bush. Como lo dijo un escritor y misionero refiriéndose a la fecha del discurso presidencial: "Podemos sobrevivir al 11 de septiembre, pero ¿podremos sobrevivir al 17?"[25]

El discurso que pronunció ante la nación tres días después, incitó aún más a sus críticos. En su mensaje del 20 de septiembre, durante una sesión conjunta del congreso, dijo: "Los terroristas practican una rama marginal del Islam extremista que ha sido rechazada por los eruditos musulmanes y por la vasta mayoría de sus clérigos, un movimiento marginal que pervierte las enseñanzas pacíficas del Islam".[26]

En esta ocasión, no sólo fueron las palabras de Bush lo que escoció a algunos críticos, pues, Hamza Yusuf se encontraba sentado con Laura Bush en la tribuna durante el discurso, y estaba por una invitación presidencial. Dos días antes del 11 de septiembre, Yusuf había hablado apoyando al jeque Omar Abdel-Rahman, el clérigo musulmán ciego que inspiró el primer intento de hacer estallar el World Trade Center en 1993. Yusuf profetizó misteriosamente: "Este país enfrenta un terrible destino. Y la razón de ello es que este país permanecc condenado, condenado como lo estuvo Europa [...] tras conquistar las tierras musulmanas".[27] Más de un observador se preguntó por qué un hombre con tales opiniones pudo haber recibido una invitación para sentarse en la tribuna durante un discurso presidencial que tenía la intención de anunciar una campaña en contra del terrorismo.

Bush intentaba comportarse como un presidente –ser un modelo del compromiso que tenía su nación con la libertad de creencia y con la tolerancia–, pero sus declaraciones en lo referente al Islam seguían confundiendo a algunos estadounidenses y preocupaban a otros. Por un lado, como lo hizo en su discurso del 17 de septiembre, afirmó que la mayoría de los musulmanes estadounidenses "aman a este país tanto como yo". Por otro lado, usaba palabras como "cruzada" para describir la guerra contra el terrorismo, una palabra tan cargada de connotaciones históricas como para tener un poder único de ofender al mundo musulmán.[28] Bush hacía sonar una trompeta insegura y algunos observadores no podían estar seguros si se debía a su propia y reconocida falta de sofisticación teológica o al intento de la Casa Blanca por hacer la difícil distinción entre el Islam y cl fundamentalismo islámico.

Algunos pensaron en una explicación más política. Para entonces ya existían informes ampliamente aceptados en la administración de Bush que mostraban el hecho de que los musulmanes habían inclinado la balanza en la elección del 2000. Por ejemplo, el centro islámico de Tampa Bay había reportado que de los cincuenta mil musulmanes que votaron en Florida, 88 por ciento votaron por Bush.[29] Lo anterior equivalía a cuarenta y cuatro mil votos, claramente el factor decisivo en Florida, que a su vez había sido el estado decisivo en la nación. A la vez que buscaba tranquilizar a los musulmanes en todo el mundo y ganarlos como aliados en la guerra contra el terrorismo, Bush también pudo estar resguardando su posesión del voto de los musulmanes en los Estados Unidos. Si esto es cierto, fue un difícil acto de equilibrismo dado el fuerte apoyo que recibía de la Derecha Religiosa, acto que estaba a punto de tornarse aún más complicado.

—⁓—

El 16 de noviembre, el noticiario de la NBC transmitió comentarios hechos por el evangelista Franklin Graham, los cuales amenazaban enardecer al pueblo musulmán, así como con distanciar a Bush de su base religiosa. El hijo de Billy Graham, Franklin, ya había afrontado cargos de intolerancia religiosa al concluir su oración en la toma de posesión de Bush con las palabras: "Oramos en el nombre del Padre, y del Hijo, el Señor Jesucristo, y del Espíritu Santo", lo cual ofendió a muchos estadounidenses no cristianos y no religiosos; sin embargo, Graham no se arrepentía y dijo al *Washington Post*: "Soy un ministro del Evangelio del Señor Jesucristo. Ese es quien soy, eso es lo que soy".[30] Cuando Bush mostró apoyo público hacia Graham, el asunto murió rápidamente.

No obstante, Bush y Graham no tenían la misma opinión en la cuestión del Islam. Graham dijo a un entrevistador que el Islam es "malvado, violento y no proviene del mismo dios".[31] El ministro después dijo a la NBC: "No creo que esta sea una religión maravillosa y pacífica. Al leer el Corán, al leer sus versos, este instruye a matar a los infieles, a quienes no son musulmanes [...] No fueron bautistas quienes se estrellaron en esos edificios, tampoco luteranos; fue un ataque en contra de este país llevado a cabo por personas de la fe islámica".[32]

En un texto, escrito para el *Wall Street Journal*, Graham defendió sus puntos de vista: "No creo que los musulmanes sean personas malvadas a causa de su fe, pero condeno el mal que se ha hecho en nombre del Islam, o de cualquier otra fe, –incluyendo al cristianismo. Estoy de acuerdo con el presidente Bush en que, como país, estamos en guerra con los terroristas y no con el Islam; pero como ministro, no como político, creo que es mi responsabilidad denunciar los

terribles actos que se cometen como resultado de la enseñanza del Islam".[33]

Los comentarios de Graham tenían un gran peso dada su
aparición en la toma de posesión de Bush, por el ser hijo del
evangelista más famoso del mundo y porque su ministerio
*Samaritan's Purse* (Bolso del samaritano) había "brindado
más ayuda al pueblo musulmán que cualquier otro grupo en
el mundo".[34] Claramente, no hablaba desde un sitio marginal
de la opinión cristiana, y sus comentarios circularon de una
manera tan amplia, que la Casa Blanca emitió una declaración reiterando que el presidente Bush: "Ve al Islam como
una religión que predica la paz".[35]

La aclaración de Graham hizo poco por acallar el torbellino de controversia, y durante los meses siguientes, otros líderes de la derecha religiosa repitieron sus preocupaciones
sobre el Islam. Jerry Falwell aseveró en el programa de la
CBS, *60 Minutos*, que "Mahoma fue un terrorista [...] un
hombre violento, un hombre de guerra",[36] En el programa
*Club 700*, Pat Robertson dijo: "Adolfo Hitler era malo, pero
es peor lo que los musulmanes quieren hacer a los judíos".[37]

Bush se refirió a estas acusaciones de forma específica en
declaraciones hechas a los reporteros al iniciar una reunión
con el secretario general de las Naciones Unidas, Kofi Annan.
Dijo: "Algunos de los comentarios hechos en relación al Islam no reflejan el sentir de mi gobierno o el de la mayoría de
los estadounidenses. Por mucho, la vasta mayoría de los ciudadanos de los Estados Unidos respeta al pueblo islámico y a
la fe musulmana; después de todo, hay millones de musulmanes norteamericanos amantes de la paz. El nuestro es un
país basado en la tolerancia [...] y no permitiremos que la
guerra contra el terrorismo y los terroristas nos haga cambiar nuestros valores".[38]

La posición que Bush tuvo ante el Islam, hay que darle
el crédito que se merece, pudo haber evitado mayores reac-
ciones violentas en contra de los musulmanes después del
11 de septiembre. Durante los primeros días después de la
tragedia, hubo violencia en contra de los musulmanes y de

cualquier persona que fuera confundida con musulmanes. En un estado del país, incluso, hubo agresiones en contra de hindúes de la fe "sij", a quienes sus atacantes creyeron musulmanes. En otro estado, un grupo de jóvenes destrozó una sinagoga, creyendo que era lo mismo que una mezquita. Desde luego, los musulmanes verdaderos también sufrieron maltratos. La posición de Bush a favor de la tolerancia, su distinción entre el Islam y el terrorismo, su campaña para buscar obtener el favor de los musulmanes tanto en el país como en el exterior; cualesquiera que hayan sido sus motivos, quizá fue responsable de salvaguardar el bienestar, sino las vidas, de muchos musulmanes en todo el mundo.

La crisis provocada por esta definición de la naturaleza del Islam también respondió a una de las mayores críticas hacia Bush: que era un títere de los predicadores. El que Bush se opusiera a las opiniones de las emisoras cristianas más importantes del país significaba el riesgo de aislarse del núcleo de su base política; a la vez, significaba arriesgarse a que los miembros de su propia fe dudaran en cuanto a si creía en la preeminencia del cristianismo. Con todo, no cedió. Habló de la tolerancia, de la voluntad de la mayoría estadounidense y del bien que puede hallarse en el Islam; eligió ser presidente de una democracia en vez de ser el "Predicador en jefe" que sus críticos creían que era (y que algunos en la Derecha Religiosa querían que fuera).

Bush pasó la prueba que muchos de la mayoría no religiosa de Estados Unidos necesitaban verlo pasar: pudo mantener su posición ante los predicadores de su fe, pudo someter sus creencias a principios democráticos y podía ser el presidente de todos, no sólo de los nacidos de nuevo. Como confirmación a lo anterior, su índice de aprobación se elevó.

—⁂—

Poco después de las tragedias del 11 de septiembre, Bush comenzó a definir una nueva doctrina militar en su país, al hacerlo, también creó un acalorado debate teológico. En su mensaje del 20 de septiembre al congreso, el presidente anunció que las naciones que albergaran terroristas: "entregarán a los terroristas o compartirán su destino".[39] Esto se convirtió en la base para la "doctrina Bush", la cual a su vez funcionaría como la razón detrás de las incursiones en contra de Afganistán e Irak. Dicho de manera sencilla, los Estados Unidos ahora considerarían a los "ataques preventivos" e invasiones a naciones que albergaran terroristas como usos legítimos de su poder para protegerse en contra del terrorismo internacional.

A través de la historia de los Estados Unidos, los presidentes han expresado con frecuencia la postura de defensa nacional en discursos públicos. Los presidentes habían definido a menudo la disposición de la nación de ejercer la fuerza militar, desde la doctrina Monroe en las primeras décadas de la existencia del país hasta la "diplomacia de los cañones" de Teddy Roosevelt; del "aislacionismo" de principios del siglo veinte hasta la política de contención en los años de la guerra fría.

Bush ahora se unía a las filas de estos presidentes, pero su insistencia en cuanto al derecho de los Estados Unidos a invadir naciones soberanas, cuando sea que se sintiera amenazado, hacía surgir muchas preguntas: ¿El país tiene la responsabilidad de proporcionar evidencias que apoyen sus conclusiones respecto a la presencia de terroristas en otras naciones? ¿Qué tanto debe responder ante las Naciones Unidas? ¿Qué tipo de advertencia debían recibir las naciones consideradas como objetivo? ¿Qué responsabilidad tendrían las fuerzas estadounidenses en lo referente a la reconstrucción de una nación invadida?

Muchos esperaban que, dada la orientación religiosa de Bush, las respuestas brindadas por parte de la administración a estas preguntas se obtuvieran de la "teoría de la guerra justa", teología que guió por siglos el pensamiento cristiano en lo referente a la guerra. La teoría de la guerra justa, formulada en principio por San Agustín en su obra clásica *La ciudad de Dios*, fue un intento por responder a las preguntas de los primeros cristianos en torno a la ética de las guerras del imperio romano: "¿Cuándo es permisible librar una guerra *ius in bello*? ¿Cuáles son las limitaciones en la manera en la cual libramos una guerra *ius ad bellum*?"

Agustín enseñó que hay cuatro condiciones principales que deben cumplirse para que una guerra tenga justificación moral. La primera es una autoridad apropiada; en sus palabras: "El orden natural, el cual es conveniente para la paz de lo moral, requiere de que la autoridad y la deliberación llevada a cabo para la realización de una guerra esté bajo el control de un líder".[40] El segundo requisito de Agustín es una causa apropiada. De forma específica descartó como justificaciones para una guerra, causas como: "El deseo de hacer daño, la crueldad de la venganza, la mente inquieta e implacable, el salvajismo de la revuelta y la lujuria por la dominación". Agustín veía a la guerra como una necesidad trágica y exhortaba a los gobernantes a dejar que "la necesidad, y no su voluntad, sea quien mate al enemigo en la guerra".[41]

El tercero de los principios de Agustín exige que haya una posibilidad razonable de éxito. Aún si una nación tiene una buena razón para librar una guerra, no debe enviar a hombres jóvenes a la muerte sin una meta alcanzable: él defendía que la vida humana es demasiado sagrada como para desperdiciarse. Finalmente, Agustín insistía en la condición de la proporcionalidad, la cual afirmaba que al librar una guerra las autoridades deben estar seguras de que el daño provocado por su respuesta a las agresiones no sobrepasara el daño causado por la agresión misma.

Aunque la administración Bush no recurrió en un principio a la teoría de la Guerra Justa, gran parte del debate en torno las invasiones de Afganistán e Irak provenía claramente de las ideas de Agustín. Por ejemplo, en un artículo citado ampliamente, el ex presidente Jimmy Carter expresó su oposición a la doctrina de Bush con base en la Guerra Justa: "Como cristiano y como un presidente seriamente provocado por crisis internacionales, me familiaricé a fondo con los principios de la Guerra Justa y es claro que un ataque esencialmente unilateral no cumple con esas normas".[42]

De manera similar, la presidente del seminario teológico de Chicago, Susan Thistlethwaite escribió en el *Chicago Tribune*: "Ninguna parte de la teoría de la guerra justa apoya una opción de atacar primero [...] Agustín quería saber si los cristianos podían resistir a los bárbaros. Si los Estados Unidos adoptan y actúan con base en la opción de atacar primero, serán los estadounidenses quienes se habrán convertido en bárbaros y no habremos aprendido nada de 1,500 años de razonamiento moral".[43]

No es sorprendente que los partidarios de Bush hayan citado la misma teoría. Robert P. George, el profesor McCormick de jurisprudencia en la Universidad de Princeton dijo al *National Review:* "La teoría de la guerra justa es patrimonio compartido tanto de católicos, protestantes y ortodoxos; más aún, las enseñanzas de la tradición judía respecto a la guerra y a la paz se encuentran muy relacionadas con ella". Como resultado, dijo: "Desde luego que es justificable el uso de la fuerza militar en contra de redes terroristas y regímenes cómplices de sus crímenes [...] de acuerdo con los principios de la guerra justa".[44]

La administración de Bush, dándose cuenta del poder del argumento de la guerra justa, finalmente comenzó a usar las condiciones de Agustín para defender la causa de la guerra. Jim Nicholson, embajador de los Estados Unidos ante la Santa Cede, invitó a Roma al economista y teólogo católico laico Michael Novak para dar una conferencia en una serie auspiciada por la embajada, la tarde del 10 de febrero de 2003. Novak argumentó que la invasión a Irak "se sujeta a la doctrina tradicional de la guerra justa, pues esta guerra es una conclusión legítima de la guerra peleada y ganada con rapidez en febrero de 1991".[45] Sus comentarios se difundieron ampliamente y los apologistas del presidente los citaron con regularidad en los medios masivos.

Los voceros de la presidencia adoptaron el lenguaje de esta teoría y algunos de los asistentes de Bush comenzaron a instarlo a hacer lo mismo; sin embargo, la sugerencia no tuvo mucho éxito, lo cual es característico de Bush. Él evita lo teórico, y prefiere las expresiones sencillas que llevan a la acción, en lugar de las teorías complejas, las cuales, piensa, llevarán a un debate perpetuo. En este caso, prefirió llamar a Sadam "hacedor de maldad" lo cual, para él, es la razón de la guerra. Sadam es malvado, es una amenaza para las buenas personas, y los malhechores no tienen ninguna legalidad. Eliminar a Sadam es una acción moral. Caso cerrado. Este es un asunto edificado sobre los salmos de David, no sobre las meditaciones de Agustín.

De igual manera, podría ser un caso cimentado en su sentido personal del destino. Como lo explicó Norman Podhoretz, editor del diario judío conservador *Commentary,* y profesor titular del Instituto Hudson: "Hemos escuchado que Bush [...] siente que siempre hubo un propósito detrás de su elección. Se dice que como cristiano *"nacido de nuevo",* cree haber sido elegido por Dios para erradicar del mundo el mal del terrorismo. Creo que es un rumor verosímil y hasta podría suponer que en el fondo de su corazón se identifica más a este respecto con Ronald Reagan (el presidente que libró al mundo del 'imperio del mal') que con su padre propio, quien nunca terminó la labor que inició al enfrentarse a Sadam Hussein".[46]

La suposición de Podhoretz concerniente a que el fracaso de su padre es la motivación de George W. podría no ser acertada, pero el presidente en realidad podría estar motivado por otra cuestión relacionada con él. Bush no ha olvidado que Sadam Hussein intentó asesinar a su padre. En septiembre del 2002, mientras Bush permanecía enfrascado en conflictos con el senado en materia de "seguridad de la patria", completó un comentario a los reporteros acerca de la importancia de derrocar a Sadam Hussein, añadiendo: "Después de todo, él es el tipo que intentó matar a mi padre".[47]

Esa es una reflexión sentimental que casi parece conmovedora, fuera de lugar en el mundo categórico de la política presidencial; sin embargo, es una revelación muy importante acerca de quién es George W. Bush. Él está dispuesto a citar el hecho de que el villano intentó asesinar a su padre como justificación parcial para movilizar al ejército más poderoso del mundo en contra de uno de los peores tiranos de esta generación. Para él, lo público y lo privado están entrelazados, tal y como lo están la política pública y la moral personal. De nuevo, esto muestra al Bush que, más que razonar la verdad, se relaciona a ella.

Una administración presidencial es, claramente, más que un sólo hombre, una sola personalidad o un sólo tipo de intelecto; más bien la administración de Bush refleja profundamente a su líder y esto significa que la política, aún en materia militar, se procesará en términos personales, en términos morales y en términos de una sensación de propósito divino que impulsa el presente para enfrentar los retos del mañana.

Vuelto a la realidad: El presidente disfrutando en su rancho al sur de Texas el 9 de agosto de 2002.

# CAPÍTULO OCHO

## Bush sin ataduras

Actualmente vivimos en una era que insiste en establecer categorías estrechamente definidas, en las cuales esperamos que la realidad quepa a la perfección. Todo debe tener su tipo, su género y su posición precisa en el anaquel rotulado adecuadamente. Podría ser el resultado de nuestra cultura digitalizada, saturada por los medios y definida en términos de mercadeo; o podría ser una especie de pereza que nos hace buscar símbolos para ahorrarnos el tener que pensar. Sea cual sea la razón, puede convertirnos en el bibliotecario sobrecargado de trabajo que desecha los libros para los cuales no tiene una etiqueta preexistente.

El peligro es que descartemos o degrademos las cualidades amorfas que nos hacen humanos. Nuestra necesidad de colocar la realidad en un esquema de referencia nos fuerza a recortar el espíritu humano para hacer caber al hombre en la caja de nuestras definiciones, lo cual hace al mundo uniforme, inexacto y aburrido, ahuyenta el misterio, la diversión y, con frecuencia, el significado.

La misma insistencia en cuanto a tipos y etiquetas caracteriza gran parte de lo que se dice sobre George W. Bush, pues al reducirlo al mínimo, colocarle una etiqueta e interpretar todo lo que dice y hace bajo la lente de las clasificaciones, el trabajo se vuelve mucho más sencillo y evita tener que considerar los matices, las contradicciones y la textura naturalmente humana de su vida, lo cual, al mismo tiempo, evita que percibamos gran parte de la realidad.

Por ejemplo, Bush es un texano que usa sombrero, que no lee mucho, que no es muy elocuente y que para nadie es un modelo de intelectualidad. Esto lo convierte en el típico hombre sureño amistoso con todas las características que evoca esa etiqueta: calmado, de buenos modales, y un poco rebelde. Esa etiqueta se acopla más, lo cual facilita estar de acuerdo con él u odiarlo.

No obstante, también es un producto de la educación universitaria más prestigiosa de los Estados Unidos, cuya administración es la más diversa en términos raciales que se haya dado en toda la historia del país; y es quien, a mitad del 2003 viajó a África para reconocer el pecado de la esclavitud.[4] De hecho, usó la ocasión para honrar al movimiento por los derechos civiles: "En un plan conocido sólo por Providencia, los hijos e hijas robados de África ayudaron a despertar la conciencia de Norteamérica. Las mismas personas vendidas en la esclavitud ayudaron a liberar a los Estados Unidos".[2]

Más aún, su asesor de seguridad nacional, de raza negra, ha dicho que la esclavitud fue el "defecto de nacimiento" de la historia de la nación.[3] Bush está de acuerdo, y pasa una gran parte de su tiempo en reuniones con ministros negros como T.D. Jakes, Tony Evans y Kirbyjon Caldwell, y está abierto a sus opiniones más que cualquier otro presidente que se pueda recordar. Y es así a pesar del hecho de que, cuando se proyectó en video un saludo dado por Bush en una conferencia de mujeres de la congregación de T.D. Jakes, gran parte del público, que constaba de ochenta mil personas en su mayoría negras, lo abucheó.

El reto para Bush es no poder desempeñar el papel que se le asignó. Él siempre nos sorprende, elude nuestras definiciones e insiste en ser él mismo. Quizá, sí, su fe lo libera, como él lo dice; lo libera para ser más humano y por ello más indefinible de lo que le agradaría al psicoanálisis y a los expertos en política.

—✧—

Para analizar, considere esta escena: Es la cena de los corresponsales de prensa en la Casa Blanca, a principios de mayo del 2002. Todo el cuerpo de prensa, con sus cónyuges y acompañantes asiste a este elegante evento; de igual manera, están presentes el presidente Bush y su esposa. Además, hay otro invitado, uno que parece un poco fuera de lugar, con el cabello hasta los hombros, con tatuajes coloridos que llenan sus brazos y trepan por su cuello, cuyos años de abuso de drogas lo han dejado con una expresión en el rostro que se asemeja a un ciervo sorprendido por un auto en medio de la carretera, mezclado con algo de búho molesto.

Su nombre es Ozzy Osbourne, el roquero con la fama de arrancar cabezas de murciélago de un mordisco, y de usar un lenguaje tal que MTV debe censurar una de cada tres palabras que pronuncia.

El presidente se levanta para hacer algunos comentarios y volviéndose hacia el Sr. Osbourne, dice: "Lo que tiene Ozzy es que ha logrado muchos grandes éxitos: 'Party With the Animals' (Fiesta con los animales), 'Sabbath Bloody Sabbath' (Sabbath, sangriento sabbath), 'Facing Hell' (De frente al infierno) y 'Bloodbath in Paradise' (Baño de sangre en el paraíso)".[4]

El público está desconcertado, no están seguros de lo que vendrá, y de alguna manera los sorprende el que este presidente, célebre cristiano y aficionado a la música country, pueda nombrar esas canciones.

Desde luego, Bush sonríe maliciosamente, y mientras la audiencia ríe discretamente, dice: "Ozzy, a mi madre le encanta tu música".[5] Todos rompen en carcajadas.

De inmediato, al concluir la cena, algunos conservadores y líderes religiosos protestan que el presidente haya permitido entrar a aquel villano cultural a los salones sagrados. La

Casa Blanca no hizo otro comentario salvo decir que todos pasaron un momento grato.

¿Qué tipo de presidente es ahora? ¿En qué categoría lo podemos colocar?

También considere lo siguiente: Bush es tan conservador en cuanto a estilo y política que sus amigos en los años sesenta decían que pertenecía a la generación de sus padres; sin embargo, su principal aliado en la escena mundial es el líder del partido laborista británico, Tony Blair. Se mantuvieron juntos para apoyar la invasión a Irak casi totalmente solos, y han abierto un nuevo capítulo en las relaciones anglo estadounidenses.

La fe se encuentra en la base de su amistad. Blair fue educado por un padre ateo y una madre que sólo asistía ocasionalmente a la iglesia; posteriormente, en Oxford, se volvió un cristiano del tipo guitarrista y de cabello largo, para después unirse al movimiento socialista cristiano que en ese entonces se extendía por toda Europa. Él fue un pionero en dar un cimiento de fe a su nuevo movimiento laborista, distinguiéndolo del antiguo, el cual era notablemente ateo.

Sin embargo, fue cuidadoso en lo relativo a envolver la política en un manto religioso. Él escribió en 1996: "No puedo soportar a los políticos que llevan a 'Dios' escrito en sus mangas. No pretendo ser nada mejor ni menos egoísta que nadie más; no creo que los cristianos sólo deban votar por el partido laborista". También describió a la oración como una "fuente de consuelo", a los Evangelios como "una muy extraordinaria expresión de sensibles valores humanos", y a Jesús como a un "modernizador".[6]

Y George W. Bush, el millonario empresario conservador, es amigo de este líder laborista ex hippie. Ellos han compartido juntos las Escrituras, han orado juntos y han discutido la moral de las políticas durante caminatas en Camp David. Claramente, la fe supera a la política en su relación.

Entonces, ¿cuál de los tipos de Bush es este?

En 1994, durante su campaña para gobernador, Bush expresó su apoye a una ley de sodomía, la cual criminalizaba la homosexualidad. Lo llamó "un gesto simbólico de valores tradicionales".[7]

También debe mencionarse que su cristianismo conservador califica como pecado a la homosexualidad y que su filosofía de la cultura la considera algo destructivo para una sociedad saludable.

No obstante, el 9 de abril de 2001, tan sólo meses antes de tomar posesión de su cargo, Bush nombró a un hombre abiertamente homosexual, Scott H. Evertz, como director del ministerio de política nacional sobre el SIDA. Posteriormente, nombró a otro hombre homosexual, Michael Guest, como embajador de los Estados Unidos en Rumania.[8] ¿En qué anaquel debemos colocar esta versión del presidente?

—∞—

No logramos describir el perfil de Bush, y la verdad es mucho más sencilla y a la vez mucho más compleja: él es un hombre de fe que percibe su camino a lo largo de la senda vagamente iluminada de las políticas socialmente responsables. No tiene ningún proyecto, ningún manual moderno para ser presidente, para ser cristiano; para ser conservador, compasivo, totalmente humano y comprometido con la vida; todo al mismo tiempo. Con todo, pesan sobre él suposiciones más enraizadas en mitos relativos a la religión que en algo que haya dicho o hecho.

El principal de los miedos que inspira un cristiano conservador en la Casa Blanca es el que apresure la venida del Armagedón, lo cual es una preocupación principal entre los no cristianos y entre quienes no profesan ninguna religión (aquellos forzados a mantenerse fuera del redil y a escuchar las perspectivas cristianas del fin del mundo, las cuales avergüenzan a la ciencia ficción más descabellada). No todos los cristianos mantienen esos puntos de vista y les molesta que estas suposiciones se coloquen sobre ellos.

El mito es más o menos así: Todos los proselitistas cristianos fanáticos creen que la historia finalizará con una batalla cataclísmica en una llanura llamada Armagedón al norte de Jerusalén, y los políticos cristianos fanáticos creen que es su deber lograr que esta batalla ocurra. Las meditaciones de

Reagan sobre los últimos tiempos han ganado una nueva actualidad en los Estados Unidos con la popularidad de la serie de novelas *Dejados atrás* [nota del traductor: las novelas de *Dejados atrás* tratan sobre la vida de quienes fueron "dejados atrás" tras "el arrebatamiento", en los últimos tiempos.]

Incluso los que lo critican afirman que esta es una representación errónea, tanto de Bush como de su personal. El periodista Christopher Hintchens escribió: "Ni Gerson ni Rove tienen nada que ver con el cristianismo de 'los últimos tiempos' o del 'antemilenio', y ninguno de ellos cree que pronto ocurrirá una lucha militar en contra de Satanás en Armagedón. Esta es una difamación difundida con frecuencia en contra de ellos y también en contra de Bush".[9]

Tales suposiciones sobre la religión y los religiosos hacen sospechar hasta de las declaraciones más simples. El 8 de mayo de 1999, se otorgó un doctorado honorario a John Ashcroft, que después sería fiscal general, por parte de la Universidad Bob Jones. En un corto discurso de agradecimiento, Ashcroft mencionó que durante la independencia de los Estados Unidos, la correspondencia de las colonias con el rey Jorge III incluía la declaración: "No tenemos otro rey sino Jesús"; después, prosiguió haciendo comparaciones entre una "cultura que no tiene otro rey sino a César como autoridad civil, y una cultura que no tiene otro rey sino a Jesús como autoridad eterna".[10]

El discurso, de tres minutos, provocó una tormenta de controversia. Los críticos acusaron a Ashcroft de abogar por una teocracia y de arrollar la Primera Enmienda. Aún cuatro años después, Christopher Hitchens condenó a Ashcroft, diciendo: "No tenemos ningún rey y no tenemos una iglesia estatal ni religión oficial, eso es todo. También se supone que esta es la diferencia esencial entre nosotros y los fundamentalistas homicidas".[11]

No obstante, Ashcroft sencillamente recordaba la intención de los padres fundadores, y estaba en lo correcto. La correspondencia con el rey Jorge sí incluía la frase: "Ningún rey sino Jesús", lo cual así resonaba en el canto de los milicianos mientras marchaban hacia la batalla. El miedo a tales referencias históricas surge de la creencia de que todos los políticos religiosos buscan una teocracia; sin embargo, ese no es el caso con John Ashcroft, el de la voz suave. En el texto de un discurso anterior emitido por la Casa Blanca que hacía referencia a la controversia, Ashcroft afirmó: "Debemos acoger el poder de la fe, pero nunca debemos confundir la política con la piedad. En cuanto a mí, puedo decir que imponer mi religión va en contra de mi religión".[12]

Con frecuencia, este miedo al ímpetu religioso en la política encuentra sus raíces en la simplificación excesiva. Por ejemplo, cuando a Bush se le preguntó por qué podían orar los estadounidenses en la mañana siguiente al 11 de septiembre, él respondió: "Porque haya un escudo de protección; que si los malvados intentan atacarnos de nuevo, aunque nosotros hayamos hecho todo lo que está en nuestras manos, que haya un escudo espiritual que proteja a este país".[13] Un comentarista exclamó: "Dios mío, ¿eso es de lo que él depende, de un escudo de oración?"

Sin embargo, la declaración de Bush vino meses después de haber iniciado la guerra en Afganistán, mientras planeaba la guerra en Irak. Él no cree en oración *o* misiles, en lo espiritual o lo natural; él cree que ambos están entrelazados, que lo visible y lo invisible es paralelo, lo cual es el "mero cristianismo" de todos los tiempos. Como no lo entendieron, los que han criticado en cuestiones religiosas, quisieron retratarlo como hipermístico.

Lo que confunde a muchos es la naturaleza terrenal de la espiritualidad de Bush. Él no ha crecido en la fe cavilando en problemas teológicos ni meditando en abstracciones místicas, lo ha hecho viendo a sus héroes, escuchando historias y aprendiendo de lo celestial a través del ejemplo terrenal. De forma característica, ve la mala hierba que asfixia los buenos cultivos de su rancho como un símbolo del poder del pecado. Le fascinan los salmos, en los cuales la verdad espiritual se expresa a menudo en términos de la naturaleza: los cielos hablan y se derraman en expresiones, los árboles que cantan de gozo y los mares que contienen en sus profundidades las maravillas de Dios.

Esta espiritualidad terrenal es la base de la extraña amistad

entre Bush y James Robison. En cambio, Bush y los predicadores no son, por naturaleza, una buena combinación. Seguramente él ha oído las bromas: que un león que se alimenta-
ba de hombres moriría de hambre en una convención de predicadores; que en realidad hay tres géneros: hombres, mujeres y predicadores; bromas que ilustran el hecho de que con
frecuencia los predicadores no son modelos de masculinidad;
que con frecuencia se carece de masculinidad en el clero.

Robison es diferente, es un texano alto y musculoso, todo
un hombre. Su forma de hablar es directa y poco adornada,
transmitida con una pasión visceral y con una expresión física
que atrae a quienes lo escuchan. Él caza, pesca, le encantan los
deportes y se siente como en casa cuando está al aire libre. Este es el lenguaje común que comparte con Bush. Los dos han
orado juntos mientras van de excursión en el rancho de Bush o
han hablado de fe con el arma en la mano, mientras esperan a
que la presa se aproxime.[14] Los deportes y la naturaleza brin-
dan una metáfora para las verdades espirituales que ambos
hombres comparten, lo cual, de nuevo, es otra aparente contra-
dicción de Bush: su ser terrenal es la llave a su espiritualidad,
lo visible es la puerta para su entendimiento de lo invisible.

Gran parte de las críticas hacia la fe de Bush provienen de
la creencia de que es simple en su manera de pensar. Esto
emana de la perspectiva marxista de que "la religión es el
opio de los pueblos", de que la religión opaca las facultades
de los sosos. En el caso de Bush, es la suposición de que él
tiene una mente simple que se adhiere a verdades no exami-
nadas y las convierte en política a través de una extraña mezcla de encanto y arrogancia.

Sin embargo, el cuestionamiento de la inteligencia de
Bush es una clara exageración. Nadie consideraría tonta a una
persona graduada de Yale y de Harvard, que hizo millones de
dólares en los negocios, que fue gobernador por dos períodos
y que se convirtió en presidente de los Estados Unidos.

Y todavía más, este cuestionamiento parece negar la existencia de distintos tipos de inteligencia. Hace décadas, los educadores hablaban en términos de un tipo sólo de inteligencia: la que abarcaba una variedad que comprendía lo literario y filosófico, y que estaba la orientada al pensamiento abstracto. En la actualidad, las investigaciones han mostrado lo que la experiencia ya había revelado mucho tiempo antes: que hay distintos tipos de inteligencia. Existe la del tipo descrito anteriormente, y también está la del tipo mecánico, la cual posee el niño que no es bueno para aprender de los libros pero es capaz de reparar cualquier cosa. Las personas como él no son tontas, sencillamente tienen otro tipo de inteligencia, la cual no es recompensada por la mayoría de los sistemas de educación.

Entre las distintas variedades de inteligencia, existe la que Bush parece poseer: social, intuitiva, visceral. Es la inteligencia relacional de un hombre que siente cómo llegar a la verdad, que aprende de las personas en vez de hacerlo de los libros, y memoriza casi permanentemente lo aprendido. Un amigo de él comentó en una ocasión que aquellos tiempos de la universidad, Bush debió haber conocido los nombres de mil de los cuatro mil estudiantes de Yale.[15] A menudo se elogia su memoria, pero es una memoria ligada a las personas, a las relaciones y a los sentimientos.

Tony Blair no tolera la opinión de la falta de inteligencia de Bush. Él afirma: "Es una total idiotez, no tiene sentido. Él es muy inteligente; y no está obstruido por tantos matices que opaquen el significado".[16] Lee Atwater estuvo de acuerdo, y mencionó, refiriéndose a la habilidad de Bush para comprender la mecánica de una campaña, que "era el tipo más inteligente del lugar".[17]

Más aún, el asistente de Bush a finales de 1980, le dijo al diario *Atlanta Constitution and Journal*: "Cuando trabajé para George W., en 1987 [...] le llevaba su itinerario de campaña, y varios montones de material que ya había seleccionado. El no quería detalles en exceso; y para el medio día, tres cuartos de ese material se encontraban en el basurero. Y para el momento en que él salía a trotar, precisamente a medio día, yo sacaba la información y pensaba: 'No pudo haberlo leído', pero lo había hecho; y tomaba los hechos importantes, los colocaba en algún sitio de su mente y proseguía".[18]

De hecho este tipo de inteligencia es tan relacional que lo mete en problemas. Es propenso a exagerar, porque se siente conectado a un grupo; y después habla de ellos a través de generalizaciones. En una ocasión dijo: "Los Estados Unidos creen profundamente que todos tienen valor, que todos son importantes, que todos fueron creados por el Todopoderoso".[19] Desde luego que esta declaración no se aplica a todos los estadounidenses, pero Bush la cree; siente el vínculo relacional con su nación y lo expresa como si hablara "por su pueblo". Este es el lado negativo de su tipo de inteligencia.

Sin embargo, también hay un lado positivo. Es agudo, especialmente en los enfrentamientos verbales, en donde, su inteligencia relacional saca lo mejor de él. En una ocasión, acometió a los reporteros durante su campaña presidencial diciendo: "No leo la mitad de lo que escriben". Sin perturbarse, un reportero contraatacó: "No escuchamos la mitad de lo que dice". Bush respondió con calma: "Eso es aparente, en la otra mitad de lo que leo".[20]

También es inmaduramente bromista. Si alguien lanza comida en el Air Force One, es probable que sea el presidente. De todo el latín que recuerda de sus días escolares, la frase que más utiliza es *ubi ubi su bubi*, lo cual es un juego de palabras que vagamente se traduce como: "¿Dónde, oh, dónde está tu ropa interior?" Los reporteros han sorprendido al jefe ejecutivo estadounidense haciendo muecas a través de su servilleta y escondiendo la pluma o el cuaderno de alguno de sus empleados fingiendo inocencia. Lo anterior es simpático y humano, pero alimenta el mito de la poca inteligencia.

Este mito lleva a los observadores a atribuir los éxitos de Bush a todos, excepto a él mismo. Una de las suposiciones más resistentes acerca del ascenso de Bush a la prominencia política es que lo que no le debe a su padre se lo debe a su estratega principal, Karl Rove, a quien se da el crédito de hacer "presidencial" a su jefe. A Rove se le considera como uno de los mejores estrategas políticos desde Lee Atwater; hasta se le ha llamado el "cerebro de Bush".[21] No hay duda de que Rove es brillante, brioso y efectivo, pero, de acuerdo con su amigo de mucho tiempo, Richard Land: "George W. Bush ha influenciado mucho más a Karl Rove de lo que él ha influenciado a Bush".[22] De acuerdo con lo anterior, James Robison ha insistido en que: "Rove lo sabe demasiado bien".[23]

La suposición de que la fe de Bush es inherentemente simple, puede llevar a no estimar sus políticas, lo cual parece ser la causa de la oposición a su iniciativa de financiamiento para las instituciones benéficas religiosas. Los críticos lo acusan de forzar su religión a los menos privilegiados o de buscar financiar sus preocupaciones cristianas primordiales. El hecho es que un sólido cuerpo de investigación apoya el papel que ha jugado la fe en la sanidad y la restauración, aunque rara vez se le ha dado mérito por pensar que las iniciativas religiosas sólo provienen de la fe de Bush.

Poco antes de renunciar como líder del Ministerio de Iniciativas Religiosas, John DiIulio escribió un artículo para el *Weekly Standard* que citaba "más de 500 estudios científicamente sólidos en los cuales el 'factor de fe' se asociaba con resultados que oscilan desde las reducciones en la hipertensión, en la depresión y en el suicidio hasta la disminución de índices de abuso de drogas, deserciones escolares, embarazos de madres solteras adolescentes y conductas criminales". También explicó que cerca de "cincuenta estudios empíricos informan que las influencias de la religión instituciones reducen la violencia y la delincuencia".[24]

DiIulio mencionó a la vez, la inusual decisión del entonces gobernador Bush de entregar la prisión de Fellowship, en Texas, al ministerio carcelario de Charles Colson. Un estudio independiente de seis años reportó que "los internos que completaron el programa de 22 meses (16 meses en la cárcel más seis meses de cuidados tras la liberación) tenían menos probabilidades de volver a ser arrestados que otros internos en situación similar, que no participaron en el programa. En efecto, sólo el 8 por ciento de los egresados del programa del ministerio carcelario volvió a ser puesto tras las rejas en un período de dos años, en contraste con el 20 por ciento del grupo con el cual se les comparó".[25]

La suposición por parte de los críticos de Bush que afirma que la fe favorece más que la ciencia, evita que ellos examinen las políticas basadas en la fe por sus propios méritos. Aunque la religión no puede verificarse científicamente, en ocasiones sí es posible medir los resultados de la misma.

De manera similar, los otros supuestos, relativos a los puntos de vista religiosos de Bush, a menudo llevaron a conjeturas respecto a sus políticas hacia Israel. Ya que es un cristiano conservador, algunos creen, automáticamente, que su postura en pro de Israel es sin reservas. En efecto, Ariel Sharon ha hablado de la "profunda amistad" y la "especial cercanía" de la cual disfruta Israel con la administración Bush. Thomas Neumann, director ejecutivo del Instituto Israelí de Asuntos de Seguridad Nacional, afirmó: "Desde la de Harry Truman [el primero en reconocer a un Israel independiente], esta es la mejor presidencia para Israel".[26]

Bush, ciertamente, ha mostrado un apoyo firme hacia Israel, pero no porque la teología lo mueva a hacerlo. Él cree que Israel es un amigo fiel, una isla de democracia en el Medio Oriente y una nación con un derecho histórico de existir. Sin embargo, en el 2003, Bush ayudó a diseñar un "mapa para la paz", el cual, de tener éxito, acelerará el establecimiento de un estado palestino independiente con derechos iguales que los de Israel. Bush invitó a la Casa Blanca al primer ministro de Palestina, Mahmoud Abbas, un paso descrito por el noticiario de la BBC como "la primera ocasión en la cual se ha tratado con todos los honores a un líder palestino en la presidencia de Bush".[27] A los partidarios más fuertes de Israel de la derecha religiosa y la no religiosa de los Estados Unidos, les preocupa profundamente el pragmatismo del presidente; y no están solos, pues en muchos asuntos, es menos dogmático de lo que su fe lo hace parecer, y esto también es parte del misterio de George W. Bush.

—*m*—

A las acusaciones de extremismo y simplismo religioso debe añadirse la presunta hipocresía de las declaraciones de Bush concernientes a la moralidad, lo cual representa un ataque que puede lanzarse a casi cualquier personaje que evoque las implicaciones morales de la fe.

Con frecuencia se asume que un hombre no tiene permiso para exigir un comportamiento moral a menos que sea moralmente puro y lo haya sido desde su nacimiento, lo cual implicaría que sólo los ángeles podrían predicar. La realidad es que nadie está mejor capacitado para hablar de la devastación de la inmoralidad de quienes fueron inmorales; Bush se encuentra entre ellos.

El locutor de tendencia conservadora, Tucker Carlson, ha descrito a Bush como un "canoso veterano de la revolución sexual".[28] Podría ser una exageración, pero afirma la cuestión de que, como Bush lo ha dicho: "Cuando era joven e irresponsable fui joven e irresponsable".[29] Habiendo vivido como un hombre soltero y rico en una edad de experimentación moral, Bush experimentó; y no es difícil imaginar las posibilidades.

La fe trajo una renovación moral a la vida de Bush. No sucedió de inmediato, pero con el tiempo dejó de beber, de fumar tabaco y de encolerizarse con sus enemigos. Más aún, sus antiguos excesos lo entristecieron y se enmendó en cuanto le fue posible.

Por ejemplo, en 1986, mientras aún aprendía cómo llevar su nueva vida cristiana, Bush vio a Al Hunt, del *Wall Street Journal,* en un restaurante de Dallas. En la edición de abril de la revista *Washingtonian,* Hunt había predicho que Jack Kemp le ganaría la candidatura del partido republicano al vicepresidente George Bush, declaración que enfureció al hijo del candidato. George W. se acercó a Hunt con grandes zancadas y lo insultó con vileza frente a su esposa e hijo de cuatro años, y le dijo: "vi lo que escribiste; no vamos a olvidarlo".[30]

Diez años después, Bill Minutaglio le mencionó el incidente a Bush mientras lo entrevistaba para su libro *First Son*

*(Primer hijo)*. Al principio, Bush no podía recordar los detalles, pero cuando Minutaglio relató la versión de Hunt sobre su encuentro en Dallas, Bush reflexionó, y dos semanas después llamó a Hunt y se disculpó. Cuando se le preguntó por qué buscaba enmendarse después de una década, Bush dijo: "Escuché que todavía se sentía molesto por lo que pasó, lo cual comenzó a pesar en mi mente. Lo habría hecho antes si me hubiera dado cuenta de que lo había ofendido". Después añadió: "No hay excusa para que lo ofendiera frente a su hijo [...] me arrepiento".[31]

Él conoce el poder de las transgresiones al haberlas cometido, e insta a los jóvenes a evitarlo. En una ocasión, hablando en apoyo de la abstinencia sexual a un grupo de adolescentes y a una organización que la promueve, dijo: "En todo Estados Unidos, bajo un programa llamado True Love Waits (El verdadero amor espera), casi un millón de adolescentes se han comprometido a abstenerse de las relaciones sexuales hasta llegar al matrimonio. Nuestros adolescentes sienten las presiones de estos tiempos complejos, pero también experimentan el impulso que los eleva a una naturaleza mejor".[32] Es a este mismo impulso que eleva, al cual Bush se ha rendido en alma propia y que inspira a los demás a conocer.

Aunque Bush no es un hipócrita que haya pecado y después haya hecho un llamado a la santidad, sus críticos lo atacan. Creen que debe considerar impartir algunos de sus valores conservadores a sus propias hijas, a quienes se ha involucrado en historias muy difundidas sobre su hábito de beber siendo menores de edad, y de utilizar identificaciones falsas.[33] Desde que las gemelas fueron a la universidad y comenzaron a codearse con las celebridades, también han comenzado a surgir rumores de que fuman marihuana.[34] Es claro que Bush tiene mucho trabajo que hacer en casa.

Sin embargo, si el mensaje de un hombre puede anularse por la conducta de sus hijos, habría que bajar a Winston Churchill de su pedestal, muchos predicadores deberían renunciar, y más de unos cuantos de los críticos de Bush deberían reexaminar su línea de trabajo. La verdad no disminuye por las imperfecciones de quienes la predican, y tampoco es alterada por el fracaso de los hijos por no absorber el mensaje de sus padres. Sin embargo, la verdad se confirma por el poder de una vida transformada. Y Bush es un ejemplo de ella como pocos presidentes lo han sido en la historia de los Estados Unidos.

El amigo de Bush, James Robison, lo expresa de este modo: "Las acciones siempre dicen mucho más que las palabras. Una vida cambiada habla con más fuerza y claridad que cien sermones. George W. Bush es un hombre diferente; un cambio obvio no tanto por expresiones extremas y pecaminosas del pasado, sino porque muchos lo consideraban un típico muchacho estadounidense, un buen chico de la época de la posguerra, exitoso, amante de la diversión, entusiasta de los deportes, del tipo que gusta del aire libre. Como él mismo lo admitió, bebía mucho y estaba bastante absorto en sus propios intereses".

"El gran e innegable cambio en George W. Bush se revela en el compromiso total de ayudar a su país a mantener la bendición de la libertad, de sentir compasión por quienes sufren, en su amor por Dios, en su fe y en su deseo por la paz en todo el mundo".

"De pronto, el bienestar de los demás se volvió una prioridad que dirige su vida y su futuro, como resultado de su compromiso de fe. Perdió el deseo por la comodidad propia y olvidó su aversión a la vida pública en el escenario político, gracias al deseo que lo consumía: hacer una diferencia positiva a través de un liderazgo con principios. Como confesión personal y reconocimiento público durante un debate presidencial, George W. Bush compartió su creencia en que Jesucristo es el mayor ejemplo de una vida bajo principios, y la persona a quien más admira".

—⁓—

La habilidad de Bush de ser un ejemplo, es precisamente donde podemos encontrar el mayor punto; con el cual vuelve a romper el prototipo. De hecho, en esto es muy similar a George Washington, quien, contrario al mito, no era un gran estratega militar, no era el más elocuente, el más instruido, ni de ninguna manera el hombre más talentoso de su tiempo. Durante toda su vida, se sintió avergonzado, tanto por su falta de educación como por su mala dentadura, dos razones por las cuales rara vez sonreía o hablaba en público.

Washington ejercía un tipo de liderazgo impulsado por la fuerza moral, lideraba con carácter. Los hombres lo seguían porque creían que la mano de Dios estaba sobre él y porque pensaban que era un hombre más grande que ellos; era un modelo de lo que quería que fueran y encarnaba aquello en lo que esperaba que se convirtieran sus compatriotas. No era perfecto, era testarudo, tenía un carácter fiero y poseía un trazo de vanidad, pero los hombres mostraban compasión por sus fallas, pues ansiaban volverse parte de la grandeza de su vida.

Bush está emergiendo como alguien de esa misma categoría de hombre. Está aprendiendo a dar forma a la cultura prevaleciente de liderazgo a través de su ejemplo. Dos historias revelan lo anterior.

A finales del 2002, el senador Pete Domenici propuso al juez Robert Brack para presidir la corte de distrito de Nuevo México. En febrero del año siguiente, Brack asistió a una reunión de revisión judicial en la Casa Blanca. En un momento dado de la discusión, David Leitch, consejero y asistente adjunto del presidente, pidió a Brack que definiera su política judicial. Brack, un hombre profundamente religioso, expresó: "La mejor manera de definirla es a través de las palabras del profeta Miqueas del Antiguo Testamento: 'Qué pide el Señor de ti: solamente hacer justicia, y amar misericordia, y humillarte ante tu Dios' (Mi. 6:8)".[35]

Brack se preguntó si había sido demasiado franco y después de la reunión se acercó a Leitch para darle una explicación. Sin embargo, descubrió que no había necesidad. Leitch dijo que él también era cristiano y que no habría ningún problema con este presidente, que, de hecho, él era el tipo exacto de persona que buscaba George W. Bush. Después, Brack escuchó que cuando el presidente miró el resumen ejecutivo y leyó las palabras de Brack, dijo: "Oh, me gusta esto, es algo bueno".[36]

Los hombres de Washington entendieron lo que su comandante deseaba mediante la manera en la cual vivía. Lo mismo está comenzando a ocurrir con Bush, que aún los principios de la filosofía judicial que busca, sean guiados por los valores por los cuales vive.

Otra historia: Un soldado recibe visitas en el Centro Médico Walter Reed. Este joven se encuentra en mal estado; perdió su mano derecha, su rostro está unido con alambres y su costado izquierdo está destrozado.

Un grupo se encuentra en ese sitio para honrarlo, pero se sienten un poco torpes e inseguros. ¿Qué se hace para honrar a alguien tan malherido? En ese mismo momento, un miembro del grupo da un paso al frente y les muestra cómo hacerlo.

Con reverencia, el visitante toma en sus manos el muñón del soldado herido, se arrodilla al lado de su cama y comienza a orar. Cuando termina, se levanta, besa al soldado en la cabeza y le dice que lo ama. El hombre que honra al soldado es George W. Bush, comandante en jefe.

Esta historia se difundió por todo el país vía correo electrónico, y muchos la consideran otra leyenda urbana, parte de la mitología que inspira la fe de Bush; sin embargo, es verdadera. El soldado herido es el sargento Cortinas. Y el sargento mayor, Jack L. Tilley, quien visitó al mismo soldado tan sólo algunos días antes que el presidente, es quien cuenta esta historia, que escuchó de quienes estuvieron presentes.[37]

Los hombres y las mujeres de las fuerzas armadas se sienten conmovidos cuando escuchan este episodio, el cual les imparte valor y devoción a un presidente que no se avergüenza de inclinarse ante un joven que ha sufrido en el cumplimiento del deber. Los hombres que están en el campo se miran entre sí y comentan el cambio que esto implica en relación con los años anteriores: que ahora son héroes en el corazón de su líder.

Y llegan a amarlo. A este hombre ordinario e imperfecto. A este indefinible comandante en jefe.

Con libertad y justicia para todos: El presidente se dirige a
la nación desde la isla Ellis el 11 de septiembre de 2002,
al cumplirse el primer año de ocurridos los ataques
terroristas contra los Estados Unidos.

# EPÍLOGO

## Para servir a la generación presente

> Tengo la sensación de que Dios nos creó y nos trajo a nuestra posición actual de poder y fuerza por algún gran propósito, el cual hemos eludido hasta ahora.
>
> HARRY S. TRUMAN

S in importar qué sea lo demás que George W. Bush deje grabado en la historia estadounidense, al menos habrá otorgado a la nación una oportunidad de volver a pensar en el papel de la religión dentro de la vida pública. Lo cual sucede en un momento estratégico: cuando el enemigo global más agresivo del país afirma tener la aprobación de un sistema religioso, cuando los asuntos locales más urgentes de la nación están profundamente enraizados en cuestiones de moralidad, y cuando los patrones de inmigración y crecimiento de la población están transformando el panorama espiritual del país. El que esta reevaluación exija una mirada fresca a los orígenes de la nación, sólo hace algo más prometedor el proceso; pues, conforme Estados Unidos examine su presente a la luz de su pasado, será posible que obtenga la sabiduría para trazarse un futuro aún más noble.

Cuando los primeros colonizadores ingleses hicieron del Nuevo Mundo su hogar, la mayoría lo hizo por distintas razones religiosas. Por ejemplo, los primeros colonos escribieron en el Pacto del Mayflower que viajaban "para la gloria de Dios y el progreso de la fe cristiana".[1] También otros, desde los anglicanos de Georgia hasta los congregacionalistas de Massachussets, hicieron lo mismo.

Entre las creencias que compartían muchos de estos colonos, se encontraba que las iglesias nacionales europeas habían convertido a la religión pura en una burla. Cuando llegó el momento de planear un gobierno nacional propio, los estadounidenses incluyeron una Primera Enmienda en su documento de fundación, la cual garantizaba a todo ciudadano el derecho de profesar la religión que deseara, pero prohibía al gobierno federal establecer una iglesia nacional; por tanto, el congreso no podía hacer una ley con respecto a un establecimiento religioso (lo cual significa una iglesia nacional) o prohibir el libre ejercicio de la religión a un individuo.

Eso significaba que las personas podían ser tan religiosas como lo desearan y que hasta los estados podrían ser claramente cristianos en sus leyes, pero la intromisión por parte del gobierno federal estaba prohibida.

Aun así, el gobierno federal era capaz de promover la religión en general. Se financiaron capellanes, se imprimieron Biblias, se usaron los edificios federales como iglesias, se enviaron misioneros a los indios —y todo a cargo del gobierno federal—, se declararon días de ayuno y oración y los discursos en el congreso se referían en repetidas ocasiones al cristianismo del pueblo estadounidense.

En el transcurso de un siglo, desde el nacimiento de la nación, la manera en la cual los estadounidenses interpretaron la Primera Enmienda comenzó a cambiar enormemente, por dos razones principales: la primera, los patrones de inmigración tras los años de la Guerra Civil comenzaron a producir una población de mayor diversidad religiosa; y la segunda, los fallos que comenzó a emitir la Corte Suprema con la intención de aplicar protección federal a los esclavos recién liberados. La Corte tomó las restricciones de la Primera Enmienda, que en primera instancia sólo correspondían al congreso, y las aplicó también a los estados. No pasó mucho tiempo antes de que los distritos escolares y los gobiernos de las ciudades se vieran limitados en cuanto a fomentar la religión en cualquier forma (un cambio que desorientó los hábitos de un siglo o más).

Cuando la Corte Suprema usó el lenguaje que Thomas Jefferson usó en una carta privada y comenzó a emitir decisiones en términos de una "muralla de separación entre la iglesia y el estado", se completó la disociación con la intención original. Pronto, las prácticas entendidas comúnmente como legados de una herencia cristiana, de alguna forma comenzaron a considerarse como violaciones del nuevo entendimiento de un estado secular. Las cortes encontraron que los diez mandamientos colocados en los edificios gubernamentales, las oraciones con las que comenzaban el día en las escuelas públicas y hasta las escenas de la natividad en terrenos del gobierno, eran violaciones a las garantías de la Primera Enmienda.

Una transformación en la cultura acompañó a este cambio en el derecho. El gobierno comenzó a ser percibido como una entidad no religiosa y se esperaba que los líderes electos siguieran la misma línea. Esto significó un cambio en lo que las personas llevaban de sus vidas privadas a los cargos públicos; el que un hombre fuera un miembro devoto de la iglesia podría tomarse como una razón para votar por él; no obstante, no debía permitir que lo que aprendía en la iglesia afectara lo que hiciera en un cargo público.

Todo eso produjo una cultura extraña y un tanto esquizofrénica. Los candidatos al cargo afirmaban de manera rutinaria que el aspecto más importante de sus vidas era la fe en

Dios, para después prometer todos que no considerarían a
Dios una vez que estuvieran en el cargo, con el fin de no vio-
lar la separación de iglesia y estado. En esencia, el electora-
do estadounidense pedía a los candidatos a cargos públicos
que sacrificaran lo más importante de ellos para conseguir el
puesto, eso significaba que los líderes de la nación debían ser
la clase de personas que podían dividirse perfectamente entre lo sagrado y lo secular.

La nueva orientación secular prevaleció por una temporada, pero ya se encontraba en transición antes de que
George W. Bush asumiera la presidencia. La apertura de
Jimmy Carter en cuanto a haber *"nacido de nuevo"* comenzó el cambio, y la transformación continuó bajo el gobierno
de Reagan y Bill Clinton, quienes fueron francos en lo relativo a su fe personal y a la necesidad de la religión en la vida pública. Con el impulso de la Derecha Religiosa, la influencia de las voces religiosas principales, como la de Billy
Graham, y cuestiones como el aborto y la oración, que re-
querían de una posición moral, los líderes electos se volvieron más expresivos en cuento a la fe y al papel de la misma
en la sociedad.

Todo lo anterior preparó el escenario para George W.
Bush, quien se encuentra entre un pequeño número de presidentes estadounidenses que han pasado por una profunda
transformación religiosa en su adultez. Andrew Jackson,
Abraham Lincoln y Grover Cleveland fueron los demás. Por
eso llegó a la presidencia con el fervor de los recién convertidos. También llegó armado con un entendimiento de la
iglesia y del estado que le enseñaron, tanto la revolución de
Reagan como los pensadores de la Derecha Religiosa, la
cual en realidad era una reformulación del entendimiento
tradicional de la fe y de la política.

Él ya preparaba una renovación religiosa para el poder
ejecutivo cuando el país sufrió el traumático ataque terrorista que colocó abiertamente a la religión en el centro de la
vida política y social en Estados Unidos. El estado secular
parecía retroceder por un tiempo. Los líderes del congreso

cantaban himnos en la escalinata del Capitolio y hasta presentaron una legislación para adoptar "God Bless America" (Dios bendiga a Norteamérica) como el himno nacional oficial.

Lo que siguió fue un reinado más libre para la religión en la sociedad estadounidense, y Bush parecía encarnarlo. Oraba en público y hablaba de la fe, del destino divino y de la herencia religiosa más que nunca antes. Sus asistentes lo encontraron postrado orando en la Oficina Oval; se volvió conocido el hecho de que se negaba a comer dulces mientras las tropas estadounidenses se encontraran en Irak, un ayuno parcial raro en un presidente estadounidense; y él enmarcó los retos de Estados Unidos en un lenguaje casi bíblico: "Sadam Hussein es un hacedor del mal", "debe irse", "debe haber un nuevo día en el Medio Oriente", "Isaac e Ismael deben hacer las paces".

El enfoque de Bush a las cuestiones locales presentaba un tono religioso similar, un enfoque visto como un regreso al antiguo entendimiento entre iglesia y estado. Así que ahora, nacido de la crisis, del reto y de una percepción de que "el compromiso de nuestros padres es ahora el llamado de nuestro tiempo", la nación se ve forzada por la administración de Bush a confrontar su dirección y diversidad religiosa.[2] Hay preguntas que deben responderse: ¿Debe exigirse que un candidato político circunscriba las implicaciones de su fe a todo aspecto de su vida excepto al del servicio a su país? ¿Cómo es que un llamado para regresar al propósito original de la Primera Enmienda pueda tomar en consideración la transformación demográfica y religiosa de la nación? ¿Cómo podrían recibir mayor poder las instituciones religiosas para hacer el bien, al mismo tiempo se evita que engendren intolerancia y exceso religioso?

Mientras se consideran estas preguntas, Bush continúa permitiendo que la fe establezca la estructura de su presidencia. En efecto, en ocasiones parece que la política no toma un papel importante en la huella religiosa que pretende dejar en la nación. Como lo dijo en una reunión de ministros en la Oficina Oval: "No estoy tras los votos [...] estoy en esta habitación compartiendo las preocupaciones porque algún día estaré frente a Dios y quiero escucharlo decir '¡bien hecho!'. Espero que esa sea la razón por la cual todos estemos aquí".[3]

―――

En la mañana siguiente al desastre del 11 de septiembre, el arte jugó un papel de suma importancia en el proceso de duelo del país. Un artista en particular pareció capturar lo que muchos sentían en esos momentos tortuosos. Su nombre era Ron DiCianni, y sus pinturas de bomberos y policías heroicos sobrepuestos en símbolos estadounidenses y símbolos de fe fueron ampliamente aceptados.

En mayo de 2002, DiCianni dio una exhibición de su obra en Midland, Texas, y se encontró platicando con un hombre que asistió, acerca de su deseo de conmemorar el liderazgo de George W. Bush, con miras a encomiar la dependencia del presidente en la oración después del 11 de septiembre. El otro hombre quedó fascinado y sorprendió al artista preguntando si podía mencionar la idea al presidente mismo; resultaba que DiCianni estaba hablando con uno de los amigos de la niñez de Bush.

Tres semanas después, un miembro del gabinete de Bush llamó para confirmar la respuesta entusiasta del presidente ante la idea. DiCianni comenzó a trabajar. Decidió retratar al presidente en oración mientras se recargaba en un podio, una imagen muy conocida por los estadounidenses. Y a su lado, se encontrarían las imágenes claramente distinguibles de Lincoln y Washington, cada uno de los cuales también estaría orando. Ambos tendrían una mano colocada sobre el hombro de Bush. Cuando DiCianni terminó la pintura, se enteró de que los únicos retratos presidenciales que se encontraban en la Oficina Oval eran los de Lincoln y Washington (un hecho que tomó como confirmación del diseño que había realizado).

La pintura simboliza una gran parte de la ordenanza que Bush cree mantener. Él percibe que existe un legado de fe en la historia estadounidense que ha sido descuidado. Aunque no es su papel predicar su fe, sí lo es aplicar su verdad a todo lo que sea llamado a hacer como jefe ejecutivo.

Y ahora, no está sólo, de hecho, podría ya no ser el jinete solitario que arremete sobre la colina hacia su destino, como lo ilustra la pintura de Koerner, "A Charge to Keep" (Una ordenanza que guardar). Es significativo que esa pintura ya no se encuentra colgada en su oficina. Ahora, es el portador de una antorcha de fe, pasada por las generaciones anteriores, tanto en su propia familia como en la nación en general. Él ha recibido una investidura (de Dios, de los héroes del pasado, de los millones que oran por él), y cumplirá con esa ordenanza hasta que escuche las palabras que espera sean dichas al final de sus días: "Bien hecho".

# RECONOCIMIENTOS

Tuve el privilegio de escribir este libro con algunas de las personas más maravillosas que conozco. Tener su amistad es un honor más allá de lo que las palabras pueden expresar. Haber trabajado a su lado todavía es uno de los recuerdos más apreciados de mi vida.

George Grant ha dado de su formidable genio literario y de su dominio de la historia, con generosidad y gracia. Estoy agradecido por su inversión en este libro, y más, por su fiel amistad a través de los años. En estos últimos meses he gastado una fortuna en barbacoa al invitarlo a comer, pero bien ha valido la pena cada centavo.

Eric Holmberg apartó tiempo de su galardonado trabajo como cineasta y de su vida familiar, al parecer de dimensiones bíblicas, para llevar a cabo la investigación que hizo que este libro fuera posible. Nunca se quejó y nunca dejó de ser una fuente de sabiduría para mí. A causa de su ingenio sardónico, de broma lo llamamos Sardón El Magnífico, pero en realidad sí es un hombre magnífico.

Tony Woodall fue el administrador de este proyecto, y su asombrosa gama de talentos sorprendió a todos, incluso a mí; yo soy su más grande admirador. Él es, a mi modo de ver, el caballero sureño perfecto: sabio, romántico, tierno, fiero en batalla, profundamente místico, de buenos modales y divertido, en el sentido céltico más pleno. Nadie me hace reír tanto como Tony, y lo añoro por eso.

Este libro es el primero en el que mi hijo, Jonathan Mansfield, trabaja a mi lado. Aunque apenas se graduó de la escuela superior, contribuyó con una sabiduría que va más allá de su edad y con un sentido del humor fuera de lo convencional que, desgraciadamente, ha heredado de mí. Algunas de las joyas que se encuentran en estas páginas son suyas.

LA FE DE GEORGE W. BUSH

La idea de este libro vino de mi amigo Stephen Strang. Él, junto con Bárbara Dycus y los muy queridos amigos de Strang Communications, ha sido un mentor sabio y un camarada comprensivo. A su lado han estado Joel Fortinos y Mitch Horowitz, de Penguin Group (USA). Nos la hemos pasado tan bien juntos, que ningún autor puede pedir un equipo mejor. Estoy agradecido más allá de lo que puedo expresar, y estoy consciente de lo que ha significado para ellos soportarme.

Muchas gentiles personas nos hablaron antes acerca del presidente y de su fe. Entre ellos se encuentra el legendario historiador de Andover, Tom Lyons, James Robison, Marvin Olasky, Don Jones, Jim Sale, Arthur Blessitt, James Dobson, el juez Robert Brack, Richard Land, el sargento mayor Jack L. Tilley, el coronel James Henderson y Ron DiCianni. Su sabiduría da gracia a estas páginas.

Estoy para siempre agradecido con la familia Morning Star International (Lucero de la Mañana Internacional), particularmente con Rice Broocks, Jim Lafoon, John Rohrer y Sam Webb, por atraparme cuando estaba cayendo y por interesarse en mi alma en más de una ocasión. Si alguna vez llego a ser semejante al hombre que se espera que yo sea, será, en parte, debido a su cuidado. Dave Houston y su equipo nos dieron un extraordinario apoyo estratégico para este proyecto, y yo no lo podría haber logrado sin el genio de Rick Myers y Sam Chappell, quienes ahora gobiernan mi mundo... gloriosamente. Gracias a todos.

Por su contribución incomparable a mi vida y a este libro, por soportar momentos de agonía y de triunfo, debo dar las más sentidas gracias a mi hermana, Cindy Lewis, a mi hermano, David Mansfield, a Wes y a Mary Lamoreaux, Beth Moore, Scott Hughes, Robert Zaloba, Ron Cottle, Bill y Liza Shules y a Kendall Hewitt.

Finalmente, entre mis mejores amigos en el mundo están los que ya son leyenda de la música country, Marty y Connie (Smith) Stuart. No los menciono por su fama, sino porque, cuando estuve en la fosa, me hablaron tierna y poéticamente, como almas que la conocieron bien. Dios, cuánto los amo.

# NOTAS

## INTRODUCCIÓN

1. Bill Keller, "God and George W. Bush" *(Dios y George W. Bush)*, NY-Times.com, 17 de mayo de 2003.
2. George W. Bush, debate en Iowa, Des Moines Civic Center, 13 de diciembre de 1999.
3. George W. Bush, *A Charge to Keep: My Journey to the White House (Una ordenanza que guardar: mi viaje a la Casa Blanca)* (Nueva York: Perennial, 2001), 6.
4. George W. Bush, discurso inaugural, Washington, D.C., 20 de enero de 2001.
5. *Ibíd.*
6. George W. Bush, discurso en el Islamic Center of Washington, D.C. (Centro Islámico de Washington, D.C.), 17 de septiembre de 2001.
7. Merle Miller, *Plain Speaking: The Oral Autobiography of Harry Truman (Habla franca: La autobiografía oral de Harry Truman)* (Nueva York: G. P. Putnam's Sons, 1973), 26.
8. Charles Cecil Wall, *George Washington: Citizen-Soldier (Jorge Washington: Un soldado-ciudadano)* (Charlottesville: University Press of Virginia, 1980), 43.
9. Russell E. Richey, *American Civil Religion (La religión de los derechos civiles estadounidenses)* (Nueva York: HarperCollins, 1974).

## CAPÍTULO 1
### UNA ORDENANZA QUE GUARDAR

1. Mickey Herskowitz, *Duty, Honor, Country (El deber, el honor y la patria)* (Nashville: Rutledge Hill Press, 2003), 4.
2. Bush, *A Charge to Keep (Una ordenanza que guardar)*, 42–43.
3. Hershowitz, *Duty, Honor, Country (El deber, el honor y la patria)*, 4.
4. *Ibíd.*, 6.
5. *Ibíd.*, 18.
6. *Ibíd.*, 19.
7. *Ibíd.*, 7
8. *Ibíd.*, 22.
9. *Ibíd.*, 24.
10. Bill Minutaglio, *First Son: George W. Bush and the Bush Family Dynasty (El primogénito: George W. Bush y la dinastía de la familia*

*Bush)* (Nueva York: Three Rivers Press, 1999), 222.

11. "Rockefeller Under Fire, Bush Urges That He Withdraw" (Rockefeller en la mira, Bush lo insta a retirarse), *U.S. News & World Report,* 24 de junio de1963.

12. Notas de la entrevista fruto de la investigación de Herbert Parmet; tal y como está registrado en: Elizabeth Mitchell W., *Revenge of the Bush Dynasty (Venganza de la dianastía Bush)* (Nueva York: Hyperion, 2000), 66.

13. Matthew Henry, *Comentario bíblico de Matthew Henry,* Clíe, Terrasa (España), 1999.

14. "A Charge to Keep I Have" (Tengo una ordenanza que guardar), letra por Carlos Wesley. Dominio Público. Del sitio en la red *Cyberhymnal*en www.cyberhymnal.org/htm/c/h/chargkeep.htm.

15. Bush, *A Charge to Keep,* 45.

## Capítulo 2
### Y por la cual pelear varonilmente

1. La Liturgia Episcopal señalada aquí con cursivas es de la edición de 1928 del Libro de Oración Común, EL mismo que fue utilizado en el bautizo de George W. Bush.

2. Doug Wead, *George Bush, Man of Integrity (George Bush, hombre de integridad)* (Eugene: Harvest House Publishers, 1988), 34.

3. *Ibíd.*

4. Terry Mattingly, "George W. Bush Learns to 'Testify,'" (George W. Bush aprende a "testificar") Scripps Howard News Service, 17 de marzo de1999.

5. George Bush, discurso inaugural, Washington, D.C., 20 de enero de1989.

6. Robert H. Schuller, "More Than Conquerors" (Más que vencedores), sermón, 7 de octubre de 2001.

7. Wead, *George Bush*, 47.

8. Herskowitz, *Duty, Honor, Country,* 51.

9. Barbara Bush, *Barbara Bush: A Memoir (Barbara Bush: sus memorias)* (Nueva York: St. Martin's Paperbacks, 1995), 229.

10. *Ibíd.*, 239.

11. El título de este capítulo ha sido tomado del texto original de la edición de 1549 del Libro de la Oración Común.

12. Herskowitz, *Duty, Honor, Country,* 87.

13. Tony Carnes, "A Presidential Hopeful's Progress" (El progreso esperanzador de un candidato), *Christianity Today*, 2 de octubre de 2000.

14. Pamela Colloff, "The Son Rises" (El Hijo se levanta), Texas Monthly, junio de 1999.

15. Bush, *Barbara Bush: A Memoir*, 50.

16. Bush, *A Charge to Keep,* 18.

17. *Ibíd.*, 19.

## Capítulo 3
## Los años nómadas

1. "Excellence and Intensity in U.S. Prep Schools" (Excelencia e intensidad en las escuelas preparatorias privadas de Estados Unidos), *Time*, 25 de octubre de 1962.
2. Bush, *A Charge to Keep,* 21.
3. Minutaglio, *First Son,* 63–64.
4. Gail Sheehy, "The Accidental Candidate" (El candidato accidental), *Vanity Fair*, octubre 2000, 174.
5. *Ibíd.*
6. *Harper's Magazine*, julio 2000, 20.
7. Florence, S.C., 17 de febrero de 2000.
8. Sheehy, "The Accidental Candidate", 176.
9. Bush ha rechazado la imputación de que quizá sea disléxico. Como una vez lo dijo en una conferencia de prensa: "No, no soy disléxico. Gracias por el diagnótico". ("Bush Touts Health Care Reform in Must-Win Florida" (Bush defiende la reforma de la seguridad de salud pública en una victoria garantizada en el estado de Florida), The White House, Office of the Press Secretary, 13 de septiembre de 2000.)
10. Winston Churchill, *My Early Life: A Roving Commission (Mis primeros años: una comisión deambulatoria)* (Nueva York: Charles Scribner's Sons, 1930), 13.
11. Sara Rimer, "Teaching as a Torrent of Bubbling Information" (La enseñanza como un torrente de información burbujeante), *New York Times*, 31 de julio de1999.
12. *Ibíd.*
13. Theresa Pease, "A Change of Dreams" (Un cambio de sueños), *Andover Bulletin*, Fall 1997, 10.
14. Rimer, "Teaching as a Torrent of Bubbling Information".
15. Tom Lyons, en entrevista con el autor, 19 de junio de 2003.
16. Bush, *A Charge to Keep*, 21.
17. *Ibíd.*, 19.
18. Sheehy, "The Accidental Candidate", 181.
19. Ron Rosenbaum, "An Elegy for Mumbo Jumbo" (Una elegía para el que se tropieza con las palabras), *Esquire*, septiembre 1997, 86.
20. Helen Thorpe, "Go East, Young Man" (Vete al Este, joven), *Texas Monthly*, junio de 1999.
21. Bush, *A Charge to Keep*, 47.
22. Sam Howe Verhovek, "Is There Room on the Republican Ticket for Another Bush?" (¿Hay lugar en el carro republicano para otro Bush?), *New York Times*, 13 de septiembre de 1998.
23. Nicholas D. Kristof, "The 2000 Campaign: The Texas Governor; Ally of an Older Generation Amid the Tumult of the 60s" (La campaña de 2000:

El gobernador de Texas; aliado de una generación más vieja en medio del tumulto de los sesenta), *New York Times*, 19 de junio de 2000.

24.Verhovek, "Is There Room on the Republican Ticket for Another Bush?"

25.Bush, *A Charge to Keep*, 58.

26.Skip Hollandsworth, "Younger. Wilder?" (Más joven. ¿Más salvaje?) *Texas Monthly*, junio de 1999.

27. Howard Fineman, "Bush and God" (Bush y Dios), *Newsweek*, 10 de marzo de 2003, 26.

28.Minutaglio, *First Son*, 148.

29.Sheehy, "The Accidental Candidate", 181.

30.Bush, *A Charge to Keep*, 60.

31. "Class Day Speaker Gregory Tells Seniors: Something Must Be Wrong with America" (El orador del día de graduación, le dice a los graduandos: Algo debe estar mal en Estados Unidos ), *Harvard Crimson,* 12 de junio de1975; como está registrado en Minutaglio, *First Son*, 162.

32.Bush, *A Charge to Keep,* 60.

33.Sam Attlesey, "You Can Take Bush out of Texas..". (Usted puede sacar a Bush de Texas...), *Dallas Morning News*, 21 de enero de 2001.

34.La historia fue reportada primero por WPXT-TV de Portland, Maine, 2 de noviembre de 2000.

35.*Ibíd.*

36.Ken Herman, "The Candidates and the Higher Authority" (Los candidatos y la autoridad más alta), Houston Post, 2 de octubre de 1994, A1.

37. Mitchell, W: *Revenge of the Bush Dynasty*, 181.

38.Verhovek, "Is There Room on the Republican Ticket for Another Bush?"

39.*Ibíd.*

CAPÍTULO 4
DE HOMBRES Y DE SEMILLAS DE MOSTAZA

1.  Don Jones, entrevista con el autor, 6 de junio de 2003.

2.  Bush, *A Charge to Keep,* 136.

3.  *Ibíd.*, 137.

4.  Del sitio en la internet de Arthur Blessitt: www.blessitt.com/adventure/author.html.

5.  Del sitio en la internet de Guinness: www.guinnessworldrecords.com/index.asp?id=48617.

6.  Arthur Blessitt, entrevista con el autor, 30 de junio de 2003.

7.  El relato de la reunión entre Bush, Blessit y Sale fue tomado del sitio en la internet de Arthur Blessitt (www.blessitt.com/bush.html) y fue corroborado más tarde en entrevista con Blessitt el 30 de junio de 2003 y con Jim Sale el 17 de junio de 2003.

8.  Del sitio en la internet de Arthur Blessit: www.blessitt.com/bush.html.
9.  Sale, en entrevista con el autor.
10. Carnes, "A Presidential Hopeful's Progress".
11. Jones, entrevista con el autor.
12. *Ibíd.*
13. Bush, *A Charge to Keep,* 136.
14. Hollandsworth, "Younger. Wilder?"
15. Carnes, "A Presidential Hopeful's Progress".
16. Bush, *A Charge to Keep*, 136.
17. *Ibíd.*
18. Jones, entrevista con el autor.
19. Bush, *A Charge to Keep*, 137.
20. Carnes, "A Presidential Hopeful's Progress".
21. Jim Tanner, entrevista con el autor, 29 de mayo de 2003.
22. Jones, entrevista con el autor.
23. Bush, *A Charge to Keep*, 135.
24. *Ibíd.*, 133.
25. Minutaglio, *First Son,* 210.
26. Además de los ejemplos dados en las páginas 51 y 72 de este libro, ver también *A Charge to Keep*, page 135.
27. Verhovek, "Is There Room on a Republican Ticket for Another Bush?"
28. David Frum, *The Right Man: The Surprise Presidency of George W. Bush* (El hombre indicado: La presidencia sorpresa de George W. Bush) (Nueva York: Random House, 2003), 283.

CAPÍTULO 5
"MI FE ME LIBERA"

1.  Bush, *A Charge to Keep,* 6.
2.  Minutaglio, *First Son,* 204.
3.  Lois Romano and George Lardner Jr., "A Life-Changing Year; Epiphany Fueled Candidate's Climb" (Un año que cambió vidas; el ascenso de un candidato impulsado por la epiifanía), *Washington Post,* 25 de julio de 1999, A-1.
4.  *Ibíd.*
5.  Evan Smith, "George, Washington" (Jorge Washington), *Texas Monthly*, junio de 1999.
6.  Nicholas D. Kristof, "Governor Bush's Journey: The 1988 Campaign for Bush, Thrill Was in Father's Chase" (La travesía del gobernador Bush: La campaña de 1988 para Bush, la emoción estaba en la búsqueda del padre), *New York Times*, 29 de agosto de 2000.
7.  *Ibíd.*

8.  Bush, *A Charge to Keep,* 178–179.
9.  David Remnick, "Why Is Lee Atwater So Hungry?" (¿Por qué está Lee Artwater tan hambriento?), *Esquire*, diciembre de 1986.
10. Lois Romano and George Lardner Jr., "Bush's Move Up to the Majors" (La estrategia de Bush para subir a las ligas mayores), *Washington Post*, 31 de julio de1999, A-1.
11. Fineman, "Bush and God", 27.
12. J. Lee Grady, "The Faith of George W. Bush" (La fe de George W. Bush), *Charisma &Christian Life*, noviembre 2000, 48.
13. Minutaglio, First Son, 213.
14. Smith, "George, Washington".
15. Romano and Lardner Jr., "Bush's Move Up to the Majors".
16. Terence Hunt, "Bush Says 'Gears Shift Tonight,' Staff Faces Quayle-Guard Issue" (Bush dice: Esta noche habrá cambió de velocidades; el equipo de la campaña enfrenta el asunto Quayle-Guard), *Associated Press*, 18 de agosto de 1988.
17. Minutaglio, *First Son*, 232.
18. Bush, *A Charge to Keep,* 207.
19. *Ibíd.*
20. George F. Will, *Men at Work (Hombres trabajando)* (Nueva York: HarperPerennial, 1991), 2.
21. Bush, *A Charge to Keep*, 199.
22. *Ibíd.*, 201.
23. Verhovek, "Is There Room on a Republican Ticket for Another Bush?"
24. *Ibíd.*
25. Sheehy, "The Accidental Candidate", 169.
26. Minutaglio, *First Son,* 244.
27. Discurso de Ann Richards, en la Convención Democrática Nacional, Atlanta, Georgia, 18 de julio de1988.
28. Romano and Lardner Jr., "Bush's Move Up to the Majors".
29. *Ibíd.*
30. *Ibíd.*
31. Verhovek, "Is There Room on a Republican Ticket for Another Bush?"
32. Romano and Lardner Jr., "Bush's Move Up to the Majors".
33. Herman, "The Candidates and the Higher Authority".
34. *Ibíd.*
35. Verhovek, "Is There Room on a Republican Ticket for Another Bush?"
36. Herman, "The Candidates and the Higher Authority", A-1, A-21.
37. Bush, *A Charge to Keep,* 37.
38. *Ibíd.*, 40.
39. Tucker Carlson, "Devil May Care" (El diablo quizá se interese), *Talk*, septiembre de 1999, 106. Si Bush alguna vez dijo esas palabras o utilizó ese tono es algo que se ha discutido bastante. Algunos de sus amigos y colaboradores, principalmente Don Jones, Karen Hughes,

and Doug Wead, han hablado apasionadamente ultimamente acerca de cómo el gobernador agonizó por el caso de Karla Faye Tucker.

40.Citizens United for Alternatives to the Death Penalty (Ciudadanos Unidos para Buscar Alternativas a la Pena de Muerte), www.cuadp.org/bush.html.

41. Carnes, "A Presidential Hopeful's Progress".

42.Marvin Olasky, "Editorial", *Wall Street Journal*, 15 de agosto de 1995, A-16.

43.Marvin Olasky, "Compassionate Conservation" (Conservación compasiva), *Veritas*—A Quarterly Journal of Public Policy in Texas (una gaceta trimestral de política pública en Texas), otoño 2000, 7–8.

44.Carnes, "A Presidential Hopeful's Progress".

45.Bush, *A Charge to Keep,* 6.

## Capítulo 6
### Para construir una casa de fe

1.  J. Lee Grady, "The Spiritual Side of Al Gore" (El lado espiritual de Al Gore), *Charisma & Christian Life,* noviembre 2000, 49.

2.  Al Gore, discurso al Centro de Rehabilitación de Adulltos del Ejército de Salvación, Atlanta, Georgia, 25 de mayo de1999.

3.  Grady, "The Spiritual Side of Al Gore".

4.  Ceci Connolly, "Gore Urges Role for 'Faith-Based' Groups" (Gore presiona para definir papel de los grupos 'basados en la fe'), *Washington Post*, 25 de mayo de 1999.

5.  Gore, discurso al Ejército de Salvación.

6.  Connolly, "Gore Urges Role for 'Faith-Based' Groups".

7.  Sheehy, "The Accidental Candidate".

8.  *Ibíd.*

9.  Frum, *The Right Man,* 79.

10. Bush, *A Charge to Keep,* 8.

11. *Ibíd.*, 9.

12. Carnes, "A Presidential Hopeful's Progress".

13. James Robison, entrevista con el autor, grabación de audio, Dallas, Texas, 28 de mayo de 2003.

14. Robison, entrevista con el autor.

15. *Ibíd.*

16. *Ibíd.*

17. *Ibíd.*

18. *Ibíd.*

19. *Ibíd.*

20. *Ibíd.*

21. *Ibíd.*

22. Keith Butler, entrevista con Stephen Strang, 28 de agosto de 2003.
23. Grady, "The Faith of George W. Bush", 50.
24. *Ibíd.*
25. Verhovek, "Is There Room on a Republican Ticket for Another Bush?"
26. Robison, entrevista con el autor.
27. John McCain, conferencia de prensa abordo del Straight Talk Express, febrero 28 y 29, 2000.
28. Joe Klein, "The Blinding Glare of His Certainty" (El brillo cegador de Su certeza), *Time*, 24 de febrero de 2003.
29. Frum, *The Right Man*, 9.
30. *Ibíd.*
31. *Ibíd.*
32. Stephen Ambrose, *To America: Personal Reflections of an Historian* (Para Estados Unidos: reflexiones personales de un historiador) (Nueva York: Simon & Schuster, 2002), 3.
33. George W. Bush, discurso inaugural, Washington, D.C., 20 de enero de 2001.
34. Peggy Noonan, "Farewell" (Adiós), *Wall Street Journal*, 19 de abril de 2001.
35. Tom Raum, "Bush Acting to Block Last-Minute Clinton Rules" (Bush actúa para bloquear las reglas Clinton de última hora), *Associated Press*, 20 de enero de 2001.
36. Frum, *The Right Man*, 79.
37. Ron Suskind, "Mrs. Hughes Takes Her Leave" (La señora Hughes sale de vacaciones), Esquire, 138, no. 1, julio de 2 002.
38. Frum, *The Right Man*, 1.
39. White House, *Guidelines on Religious Exercise and Religious Expression in the Federal Workplace* (Normas para la práctica y la expresión religiosa en el lugar de trabajo federal), 14 de agosto de 1997.
40. [Juan Pérez], entrevista con el autor, 16 de mayo de 2003.
41. Frum, *The Right Man*, 16.
42. *Ibíd.* 14.
43. Kenneth T. Walsh, "A Sunday Service in the Air" (Un servicio dominical al aire), *U.S. News and World Report,* 19 de mayo de 2003, 32.
44. Oswald Chambers, *En pos de lo Supremo*. Editorial Clíe, Tarrassa (España), 1994.
45. Lo que sigue fue tomado del discurso que dio al Comité Judío-Americano en el National Building Museum, Washington, D.C., 3 de mayo de 2001.
46. Citado en John Eidsmoe, *The Christian Legal Advisor* (Milford, Conn.: Mott Media, 1984), 133–164.
47. Frum, *The Right Man*, 253.
48. Pat Buchanan, *McLaughlin Group,* 15 de junio de 1990.
49. La discusión sobre violencia y tolerancia dentro del mundo del Islam es tanto antigua como voluminosa. Varios libros recientes exploran el

asunto complejo de si los musulmanes fieles pueden coexistir con judíos y cristianos, sin qué decir acerca de tolerar la existencia de Israel a largo plazo. Para mayor información, ver: R.C. Sproul y Abdul Saleeb, *The Dark Side of Islam,* (El lado oscuro del Islam) (Wheaton, IL.: Crossway Books, 2003); Bernard Lewis, *What Went Wrong? The Clash of Islam and Modernity* (¿Qué salió mal? El choque del Islam con la modernidad) (Nueva York: Perennial Press, 2003); Bernard Lewis, *The Crisis of Islam: Holy War and Unholy Terror* (La crisis del Islam: Guerra Santa, terror impuro) (Nueva York: Modern Library, 2003); George Grant, *Blood of the Moon: The Historic Conflict Between Islam and Western Civilization* (Sangre de la luna: El conflicto histórico entre el Islam y la civilización occidental) (Nashville: Thomas Nelson, 2002).

## Capítulo 7
### Un nuevo día de infamia

1. Michael Kranish, "Bush: U.S. to Hunt Down the Attackers" (Bush: Estados Unidos cazará atacantes), *Boston Globe,* 11 de septiembre de 2001.
2. *Ibíd.*
3. "President Bush's Activities During Day of Crisis" (Las actividades del presidente Bush durante un día de crisis), *Associated Press,* 12 de septiembre de 2001.
4. Comentarios del presidente a su arribo a la Base Barksdale de la Fuerza Aérea, Louisiana, *Barksdale Air Force Base, Louisiana* (the White House, Office of the Press Secretary), 11 de septiembre de 2001.
5. Frum, *The Right Man,* 119.
6. "President Bush's Activities During Day of Crisis", Associated Press.
7. Frum, *The Right Man,* 121.
8. *Ibíd.,* 120.
9. "President Bush's Activities During Day of Crisis", Associated Press.
10. "Statement by the President in His Address to the Nation" (Declaración del presidente en su discurso a la Nación) (the White House, Office of the Press Secretary), 11 de septiembre de 2001.
11. Frum, *The Right Man,* 128.
12. Chambers, *En pos de lo supremo.*
13. *Ibíd.*
14. Comentarios del presidente al tomarse fotografías con el Equipo de Seguridad Nacional, Cabinet Room (the White House, Office of the Press Secretary), 12 de septiembre de 2001.
15. Stephen Mansfield, *Never Give In: The Extraordinary Character of Winston Churchill* (Nunca te rindas: El carácter extraordinario de Winston Churchill) (Nashville: Cumberland House, 1996), 32.

16. Comentarios del presidente al tomarse fotografías con el Equipo de Seguridad Nacional, Cabinet Room (the White House, Office of the Press Secretary), 12 de septiembre de 2001.

17. Dan Balz, Bob Woodward, and Jeff Himmelman, "10 Days in september: Inside the War Cabinet; Afghan Campaign's Blueprint Emerges" (Diez días en septiembre: Dentro del Gabinete de Guerra; la estrategia de la campaña afgana emerge), *Washington Post*, 29 de enero de 2002, A-1.

18. Comentarios del presidente en el Día Nacional de Oración y Memorial, the National Cathedral, Washington, D.C. (the White House, Office of the Press Secretary), 14 de septiembre de 2001.

19. *Ibíd.*

20. *Ibíd.*

21. *Ibíd.*

22. Comentarios del presidente a los policías, bomberos y rescatadores, Murray and West Streets, Nueva York, Nueva York (the White House, Office of the Press Secretary), 14 de septiembre de 2001.

23. Frum, *The Right Man,* 141.

24. Comentarios del presidente en el Centro Islámico de Washington D.C. (the White House, Office of the Press Secretary), 17 de septiembre de 2001.

25. Douglas Layton, doctor de estudios islámicos, autor de *Deceiving a Nation: Islam in America* (Cómo engañar a una nación: El Islam en Estados Unidos), entrevista con el autor, 15 de junio de 2003.

26. Discurso del presidente Bush en una sesión conjunta del Congreso, 20 de septiembre de 2001.

27. Sheikh Hamza Yusuf, discurso en una cena para recaudación de fondos con el título "Justice for Imam Jamil Al-Amin" (Justicia para Imam Jamil Al-Amin), University of California—Irvine, 9 de septiembre de 2001.

28. Comentarios del presidente a su llegada, the South Lawn (the White House, Office of the Press Secretary), 16 de septiembre de 2001.

29. Grover Norquist, "The Natural Conservatives: Muslims deliver for the GOP" (Los conservadores naturales: Los musulmanes le ponen la mesa al Partido Republicano), *American Spectator*, junio de 2 001.

30. Bill Broadway, "God's Place on the Dais" (El lugar de Dios en el podio), Washington Post, 27 de enero de 2001, B-9.

31. Franklin Graham, entrevista durante la dedicatoria de una capilla en Wilkesboro, N.C., octubre de 2001.

32. Franklin Graham, entrevista con NBC, 16 de noviembre de 2001.

33. Franklin Graham, "My View of Islam" (Mi punto de vista acerca del Islam), *Wall Street Journal*, 9 de diciembre de 2001.

34. *Ibid.*

35. Todd Starnes, "Graham Stands by Statement Calling Islam 'Wicked,

Violent,'" (Graham defiende su declaración al llamar al Islam: "Malvado, violento") *Worthy News,* 19 de noviembre de 2001.

36. Jerry Falwell, *60 Minutes interview,* 6 de octubre de 2002.
37. Pat Robertson, *The 700 Club,* 11 de noviembre de 2002.
38. Comentarios del presidente George W. Bush en unas declaraciones a los reporteros durante una reunión con el secretario general de las Naciones Unidas Kofi Annan, the Oval Office, Washington, D.C. (the White House, Office of the Press Secretary), 13 de noviembre de 2002.
39. Discurso del presidente Bush's en una sesión conjunta del Congreso, 20 de septiembre de 2001.
40. San Agustín, *La ciudad de Dios,* Porrúa, Octubre 1998.
41. *Ibíd.*
42. Jimmy Carter, "Just War—Or a Just War?" (¿Sólo una guerra, o una guerra justa?), *Nueva York Times,* 9 de marzo de 2003.
43. Susan B. Thistlethwaite, "President Bush's War Against Iraq Is Not a 'Just War,'" (La guerra del presidente Bush contra Irak no es una guerra justa) *Chicago Tribune,* 15 de octubre de 2002.
44. Kathryn Jean Lopez, "Justice in War: Just-War Theory" (Justicia en la guerra; la teoría de la guerra justa), National Review Online, 15 de octubre de 2001.
45. Michael Novak, "'Asymmetrical Warfare' & Just War: A Moral Obligation" (La batalla asimétrica y la guerra justa: una obligación moral), *National Review Online,* 10 de febrero de 2003.
46. Norman Podhoretz, "How to Win World War IV" (Cómo ganar la Cuarta Guerra Mundial)), Commentary 113 (febrero de 2002): 19, 11.
47. "Bush calls Saddam 'the Guy Who Tried to Kill My Dad,'" (Bush le llama a Saddam: El tipo que quiso matar a mi papá) John King, CNN, 27 de septiembre de 2002, Posted: 1:48 AM EDT.

## Capítulo 8
### Bush sin ataduras

1. Frum, *The Right Man,* 79.
2. George W. Bush, discurso en la isla Goree, Senegal, 8 de julio de 2003.
3. Condoleezza Rice, *Meet the Press,* (Conoce a la prensa), 9 de septiembre de 2001.
4. Dinner of the White House Correspondents Association (Cena anual de la Asociación de Corresponsales de la Casa Blanca), Washington Hilton, 4 de mayo, 2002.
5. *Ibíd.*
6. David Margolick, "Blair's Big Gamble" (La gran apuesta de Blair), *Vanity Fair,* junio de 2003, 226.

7. Julia Campbell, "Where Will He Stand?: Bush Faces Difficult Issues on Gay Rights" (¿Cuál será su posición?: Bush enfrenta asuntos difíciles con los derechos de los homosexuales), abcNEWS.com, 17 de enero de 2001.

8. Lou Chibbaro Jr., "Mixed Reviews on Lesbian and Gay Rights for Bush's First Year" (Opiniones mezcladas sobre los derechos de lesbianas y homosexuales durante el primer año de Bush), *Rights at Risk: Equality in an Age of Terrorism* (Los derechos en riesgo: Igualdad en una época de terrorismo) (Report by Citizens' Commission on Civil Rights, 2002), Capítulo 15.

9. Christopher Hitchens, "God and Man in the White House" (Dios y el hombre en la Casa Blanca), *Vanity Fair*, agosto 2003, 81.

10. John Ashcroft, discurso de graduación en la Bob Jones University, 8 de mayo de 1999.

11. Hitchens, "God and Man in the White House", 76, 78.

12. John Ashcroft, discurso paea el Club de Economía de Detroit, noviembre de 1988.

13. George Bush, reunión del ayuntamiento en Ontario, California, 5 de enero de 2002.

14. James Robison, entrevista con el autor, 29 de junio de 2003.

15. Kristof, "The 2000 Campaign: The Texas Governor; Ally of an Older Generation Amid the Tumult of the 60s".

16. Margolick, "Blair's Big Gamble", 223.

17. Mitchell, W: *Revenge of the Bush Dynasty,* 217.

18. *Ibíd.*

19. Comentarios de la Casa Blanca sobre la propuesta de SIDA, 31 de enero de 2003.

20. Nicholas D. Kristof and Frank Bruni, "The Republicans: Man in the News; A Confident Son of Politics Rises" (Los republicanos: un hombre en las noticias; el confiado hijo de la política se levanta), *New York Times*, 3 de agosto de 2000.

21. James Moore and Wayne Slater, *Bush's Brain* (El cerebro de Bush) (Nueva York: John Wiley and Sons, 2003).

22. Richard Land, entrevista con el autor, 3 de junio de 2003.

23. Robison, entrevista con el autor, 29 de junio de 2003.

24. John J. DiIulio Jr., "Not a Leap of Faith" (No es un salto de fe), *Weekly Standard*, 30 de junio de 2003.

25. *Ibíd.*

26. Robert G. Kaiser, "Bush and Sharon Nearly Identical on Mideast Policy" (Bush y Sharon, casi idénticos en las políticas de Medio Oriente), *Washington Post,* 9 de febrero de 2003, A-1.

27. Gordon Corera, "Abbas Wins White House Red Carpet" (Mahmoud Abbas se gana la alfombra roja de la Casa Blanca), BBC News, 25 de julio de 2003.

28.Tucker Carlson, "The Politics of Virtue" (Las políticas de la virtud), City Journal 8, no. 3, Summer de 1 998.

29.Entrevista con el periódico británico *Scotland on Sunday*, citado en Jo Thomas, "Governor Bush's Journey: A Man Adrift" (El viaje de un hombre a la deriva: La travesía del gobernador Bush), *New York Times,* 22 de julio de 2000.

30.Romano and Lardner Jr., "1986: A Life-Changing Year; Epiphany Fueled Candidate's Climb".

31. *Ibíd.*

32.George W. Bush, discurso en la cámara de comercio Northern White Mountain Chamber of Commerce, Gorham, New Hampshire, 2 de noviembre de 1999.

33.Ann Gerhart, "Jenna Bush Is Fined, Loses Driver's License" (Jenna Bush es multada, pierde su licencia de conducir), *Washington Post,* 7 de julio de 2001, C-3; "Bush Girls Face Court Over Drink Violations" (Hijas de Bush enfrentan juicio por violaciones de excesos de alcohol), *News Letter,* 2 de junio de 2001.

34. Gavin Ewards, "Ashton Kutcher", Rolling Stone, 29 de mayo de 2003, 46.

35. Micah 6:8.

36.Robert Brack, entrevista con el autor, 2 de julio de 2003.

37. Sargento Mayor Tilley, entrevista con el autor, 1° de julio de 2003.

## EPÍLOGO
### PARA SERVIR A LA GENERACIÓN PRESENTE

1. *Mayflower Compact*, 11 de noviembre de 1620, como fue citado por William Bradford, *Of Plymouth Plantation 1620–1647* (De la plantación de Plymouth) (Nueva York: Alfred A. Knopf, 1997), 76.

2. Comentarios del presidente en el día nacional de la oración y memorial, la Catedral Nacional, Washington, D.C. (the White House, Office of the Press Secretary), 14 de septiembre de 2001.

3. James Robison, entrevista con el autor, 24 de junio de 2003.